JN436585

버드나무는 바람을 즐긴다

박종국 제12수필집

오늘의문학사

국립중앙도서관 출판시도서목록(CIP)

버드나무는 바람을 즐긴다 : 박종국 제12수필집 / 지은이:
박종국. -- 대전 : 오늘의문학사, 2018
p. ; cm. -- (문학사랑 수필선 ; 132)

ISBN 978-89-5669-880-9 03810 : ₩15000

한국 현대 수필[韓國現代隨筆]

814.7-KDC6
895.745-DDC23 CIP2017034816

버드나무는 바람을 즐긴다

| 작가의 말 |

충청의 젖줄 금강은 천리를 내닫는다.

금강은 전라북도 장수의 신무산(895m) 자락 7부 능선 뜬봉샘에서 발원하여, 진안, 무주, 금산, 영동, 옥천, 보은, 청주, 대전, 세종, 공주, 청양, 부여, 논산, 익산, 군산, 서천 장항까지 397.8km 거리로 장장 천 리 길 큰 강이다. 금강유역의 공주, 부여는 삼국시대 백제의 수도였으며 1,300여 년이 흐른 뒤 다시 세종이 행정수도로 발돋움하고 있다. 그간 산이나 섬에만 관심을 두었다가 우연한 계제에 『비단물결 금강천리 트레킹』을 하면서 금강이 몸살을 앓고 신음하고 있는 것을 보았고 금강을 눈여겨보게 되었다.

축 늘어진 버드나무는 바람을 즐긴다.

시도 때도 없이 바람이 불어온다. 때로는 아주 세찬 바람이 불어온다. 바람은 길목에 장애물이 있어도 피하거나 돌아가지 않고 늘 정면 돌파한다. 그러다 보니 피할 수 없는 풀이나 나무가 피해를 많이 입는다. 웃자란 풀이 꺾이고 그렇게 꼿꼿하며 멀쩡하던 나무가 부러지고 훌러덩 넘어져 눕는다. 너무 강하게 부딪쳐 일방적인 피해를 당한 것이다. 바람은 흔적도 없이 사라지면 그뿐, 어디 하소연할 곳이 없다. 그러나 휘휘 늘어진 가지에 연약해 보이는 버드나무는 오히려 바람에게 길을 터주며 즐길 줄 안다.

자연은 자연 속에서 가장 자연스럽다.

자연은 혼자서만 보고 누리는 것이 아니라 누구나 보고 누릴 수 있는 것이다. 아무리 특정인이 구미에 맞게 잘 꾸며도 끝내는 자연 그대로의 모습만 못하다. 물론 사람이 살아가는 동네에 자연이라고 보존만 할 수는 없다. 편의를 위한 개발이 필요하지만 보다 성숙된 시민의식이 요구된다. 항상 뒤처리를 잘하고 주위를 돌아보는 마음가짐이 필요하다. 작게는 휴지 한 조각, 가정의 물 한 바가지에서부터 자연환경 보호를 위한 세심한 주의가 필요하다. 한 사람이 아닌 시민 모두가 한마음 한 뜻이 되어야 한다.

지난날은 잊혔을 뿐 사라지지 않았다.

1972년부터 3년여 동안 신문에 기고하였던 수필 30여 편을 찾았다. 내 수필의 출발점이었다. 반세기 가까이 흘렀지만 그 속에 혈기왕성하였던 젊음이 고스란히 배어있어 얼굴 붉어지게 하였다. 초심의 신선한 바람이 묻어나듯이 설레게 하였다. 잊어버린 나를 찾아 나를 들여다볼 수 있었다. 대전문화재단에서 '2017년 향토예술인 창작활동 지원 사업' 수혜자로 선정되었다. 이에 힘을 얻어 충청의 젖줄인 금강유역과 관련이 있지 싶은 작품들을 모아 『버드나무는 바람을 즐긴다』를 12번째 수필집으로 내어 놓는다.

2018. 1.

버드내 초록마을 외송문방에서 박 종 국

금강

흘러라 충청의 젖줄 금강이여
장수 신무산 뜬봉샘에서
천리를 내달려
장항 하구 서해바다로
누만년 흘렀어도 부족하노니
누억년 두고 흘러라
흘러야 살아나는 생명력
냇물로
때로는 강물로
무주 영동 옥천 청주 휘돌아
대전 세종 공주 부여 논산
이르는 곳마다
바닥을 축축이 적시어
얼시구 절시구
풍년가 울려 퍼지고
뭇 생명 갈증 삭이는 생명수
나누고 비우고

채워가며
순수 그대로
한 방울 물기까지
굽이굽이 온 고을 더듬으며
수수만년 흘러라
금강이여!
비단 강이여!
오늘도 내일도 푸르게 흘러라

* 자작시 「금강」

1부 버드나무는 바람을 즐긴다

2부 자연도 때로는 상처를 입는다

3부 충청의 젖줄 금강

4부 왜 우리만 갖고 그래

5부 자연은 자연 속에서 자연스럽다

1부

버드나무는 바람을 즐긴다

금강생태계 보고 『가시박』

외국에서 어렵사리 왔다기에 그래도 호기심에 곱게 봐주었더니 그게 아닌 크나큰 골칫덩어리 착각이었다. 새싹은 여느 풀처럼 보들보들 귀여운 면이 있었는데 성큼성큼 자라며 그게 아니었다. 처음부터 잘못된 만남이었다.

겉은 얼핏 오이잎사귀 같은 모양새에 박넝쿨만큼이나 큰 잎을 걸치고 온몸에는 잔잔하지만 날카로운 가시투성이로 무장하고 낯가림은 고사하고 저 거침없는 넉살은 이역만리 남의 땅에서 어쩌자고 저리도 뻔뻔스러울까.

원망으로 가득 차 작심한 전투태세에 닥치는 대로 쭉쭉 뻗고 타고 오르는 안하무인이다. 주변의 생명을 얕잡아 깔아뭉개는 것으로 부족한

지 아예 보쌈하며 햇볕을 차단하여 굶어죽게 하는 횡포는 더 이상 방관할 수 없다.

숨어 꽃을 피우는지 보이지 않아도 행여나 열매라도 가치가 있을까 눈 씻고 찾아보아도 헛된 일이었다. 종족보존을 위한 진한 향기를 발산하며 벌들을 유인해 맺어진 가시의 씨앗뿐인 얄밉고도 얄미운 존재임이 드러났다.

허세 같은 저 무성함은 그냥 허세로 끝나지 않고 무서운 번식력은 숲을 파괴하는 공포의 대상으로 떠오르고 있다. 혼자서 저 혼자서 조용히 살아가면 누가 뭐라 하랴만 혼자는 일어서지도 못하면서 이웃을 걸고 넘어진다.

꼭 누군가 잡고 일어서서는 기어이 앙갚음을 하듯이 쭉쭉 뻗으면서 줄기와 잎으로 폭 뒤집어 씌워 질식시키는 배은망덕한 존재인 것이다. 어우러져 서로 소통이나 배려는 그만두고 점령군으로 군림을 하려고 하는 것이다.

애당초 공생의 의지라고는 털끝만큼도 없는 녀석으로 너는 죽고 나만 살자고 덤벼든다. 전선의 시체를 짓밟으며 넘고 넘듯이 저 숨통을 조여 오는 발자국 소리에 긴장을 한다. 엄청난 속도로 저희들만의 영역을 확보해 간다.

습지에 갑작스럽게 나타난 밀입국자 가시박으로 생태계가 하루아침에 뒤숭숭해졌다. 긴급 구호신청을 한다. 여기저기 당국에 신고를 해도 시큰둥하니 좀처럼 받아주려 하지 않고 그저 강 건너 불구경이나 하듯 하고 있다.

이러다 토종식물이 수없이 죽어 나간다. 사태가 커지기 전에 손봐주어야 한다. 그간 쓸모없다고 온갖 미움이란 미움을 독차지 해왔던 아카시아는 그래도 고운 꽃에 달콤한 꿀이 있으니 양봉업자에게는 아주 고마운 나무다.

산죽, 억새, 갈대, 칡넝쿨, 환삼덩굴 같은 깐죽거리는 것들도 있다. 하지만 정도의 차이는 있을 수 있지만 주위를 그토록 초토화시켰던가. 가시박은 정말 예의라고는 없다. 눈치 없고 배려 없고 화합이 없이 오직 저뿐이다.

외국에서 어렵사리 상륙해 살아남기 급급하다고는 하지만 그래도 이것은 아니다. 그의 몸에는 공생이란 삶의 전쟁터에 한낱 구호이고 수식어일 뿐인 달콤함에 솔깃하지 말고 스스로 세상을 열어가야 한다고 여기는 것 같다.

한 때 생태계를 발칵 뒤집어 놓았던 황소개구리의 출현보다 더 공포로 다가서는 가시박 – 가시박의 출현이다. 거기 누구 없나요? 광란의 무법자 미치광이가 나타났어요. 더는 보고도 믿을 수 없고 더는 참을 수가 없어요.

죽은 뒤 이러쿵저러쿵 하면 무엇 하나요. 다시 한 번 피눈물 뿌리며 SOS를 누른다. “살려주세요. 살려주세요!” 한 시가 다급해 SOS를 쳐대도 비정함뿐인가. 버드내에도 눈에 띄는가 싶더니 하루가 다르게 번져나가고 있다.

2016. 09. 22. 추분

버드나무는 바람을 즐긴다

낮에 비가 내리고 밤사이 바람 불더니 낙엽이 우수수 떨어져 길거리까지 알록달록 고운 카펫을 두툼하게 펼쳐놓았다. 좀은 더듬거리지 싶었던 가을이 제대로 한 방 얻어맞았다. 성큼 겨울로 들어설 채비를 하는 만추다.

그러나 냇가에 버드나무는 여전히 푸름의 끈을 놓지 못하고 의연한 모습이다. 언제 저토록 당당해 보였던가. 대나무는 늘 푸르고 꼿꼿한 몸통을 지니고 있지만 버드나무는 가지가 축 늘어져 줏대도 없이 흐느적거렸다.

하늘을 찌를 성싶던 나무도 일찌감치 잎이 졌는데 연약한 가지에서 어찌 저리 늦도록 푸름을 간직할 수 있을까. 봄날 제일 먼저 잎을 피우는 것도 버드나무다. 그러고 보면 가장 오래도록 푸름을 간직하고 있는 셈이다.

아스피린(Aspirin)은 진통제와 해열제로 쓰이고, 혈중농도를 낮추어 심혈관질환과 심장마비 예방약으로 쓰이는 기적의 약이라 불릴 만큼 약효가 인정되어 대중화되었다. 수많은 사람들이 아스피린의 혜택을 받고 있다.

아스피린은 BC1500년쯤 고대 이집트에서 이미 언급되었고 BC400년쯤에는 '의학의 아버지'로 불리는 히포크라테스가 사용했다는 기록이 있을 만큼 귀중한 의약품이다. 그런데 그 원료가 버드나무 껍질에 함유되어 있다.

저리 보잘것없어 보이는 나무에 그토록 귀중한 아스피린의 원료가 담겨있다니 자못 의아스럽기만 하다. 겉모습만 보고는 알 수가 없는 일이다. 그래서인가 버드나무는 추위에 강하여 늦게까지도 푸른 잎을 매달고 있다.

바람은 신나게 지나가는 길목을 나무가 딱 가로막고 있다고 거칠게 항의한다. 나무는 왜 하필이면 자신이 서 있는 곳을 지나가려 하느냐고 항변하며 반발한다. 얼핏 양쪽이 다 그럴듯한 주장을 하고 있지 싶기도 하다.

끊임없는 부딪침이다. 바람은 이미 흔적도 없이 사라지고 외관상으로는 나무만 큰 상처를 입었다. 훌러덩 뿌리 채 넘어지고 몸통이 부러지거나 가지가 찢어지기도 하였다. 그렇다고 나무가 자진해서 옮겨갈 수는 없다.

그러나 버드나무에게서는 그런 모습을 찾아보기가 쉽지 않다. 요리조리 바람을 잘 피해가는 것이다. 강한 것끼리 서로 부딪쳐야 문제가 드러난다. 부드러운 것끼리 만나거나 한 쪽이 슬쩍 피하면 크게 충돌하지 않는다.

버드나무는 제 몸도 제대로 추스를 힘이 없는 듯 가지를 축 늘어뜨리고 있다. 수많은 가지가 고개를 한 번도 제대로 꼿꼿이 쳐들고 아름다운 하늘을 똑바로 바라보지 못한다. 그래도 타고난 부드러움을 탓하지 않는다.

멀리서 바라보면 갓 감은 긴 머리를 빗질하고 있는 것 같기도 하고 흐물흐물 뼈도 없는 것이 작은 바람에도 이리 흔들 저리 흔들 출렁거린다. 연신 가지만을 손질하는 양 윤기를 더해가지만 그리 눈길을 끌지는 못한다.

하지만 버드나무는 바람이 몰려오면 언제나 정면으로 맞서지 않는다. 타고난 애교를 부리듯 살짝 비껴 바람을 피해간다. 노여움보다는 오히려 바람을 요리조리 즐기고 있다. 바람도 부드러움 앞에서는 어쩔 수가 없다.

다툼은 혼자서 하는 것이 아니다. 상대가 있어야 한다. 몹시 유연한 버드나무는 바람의 상대가 아니다. 바람이 기습적으로 달려들어도 늘어진 가지에서 번번이 미끄럼을 탄다. 가지는 순간 흔들리면서 살짝 물러선다.

바람이 아무리 버드나무를 몰아쳐도 버드나무는 성깔부리지 않는다. 바람이 곧 지나갈 것을 미리 아는 것처럼 그 순간만 참고 견디면 된다. 누가 뭐라고 하던 화를 면하는 것이 우선으로 무모한 짓은 아예 아니 하는 것이 좋다.

버드나무는 정면으로 바람과 맞서기보다 바람을 어루만지듯 함께 즐길 줄을 안다. 축 처진 가지는 바람을 요리조리 밀치면서 고비를 넘긴다. 부드러운 것이 강한 것을 이긴 것이다. 세상사 힘으로만 되는 것은 아니다.

태풍이 불고나면 여기저기서 법석을 떨지만 버드나무는 아무렇지 않다. 약골로 태어났어도 끝까지 멀쩡하게 살아남는 것이 강한 것이 아닌가. 오늘도 햇살이 지켜보는 중에 바람이 가지사이로 미끄러지듯 빠져나간다.

강함과 강함이 만나면 더 강한 것이 이긴다. 강함과 부드러움이 만나면 부드러움이 이길 수 있다. 때로는 유연한 물길이 큰 둑을 허물듯 하늘하늘 연약해 보이는 버드나무가 세차게 불어오는 바람을 여유롭게 피한다.

만추를 느끼기에 부족함 없는 11월의 마지막 주다. 비바람으로 낙엽이 한꺼번에 쏟아진다. 김장을 담그는 주부의 손길이 바쁘다. 한 뼘쯤 남은 가을이다. 곧 겨울로 접어들 것이다. 사각 사각 낙엽 밟는 소리가 좋다.

2016. 11. 25.

신성리 갈대밭에서

갯가의 갈대가 냇가의 갈대보다 크고 굵은 마디가 대나무 같다. 아마 염분을 섭취하기 때문이지 싶다. 그 대궁으로 발을 엮기도 한다. 뿌리도 대나무와 다름없지 싶다. 이리저리 얼키설키 촘촘하여 빈틈이 없다.

서천 금강변의 신성리 갈대밭은 순천만 갈대밭에 버금가는 6만여 평 규모의 갈대밭으로 「JSA 공동경비구역」, 「추노」가 촬영되어 많은 인기를 누리고 있는 곳이다. 수많은 사람들이 찾아 가을의 정취를 담고 있다.

비록 겉모습은 껑충하니 볼품이 없어도 주변의 오염된 물을 정화시키며 깨끗이 하는데 다른 수생식물 못지않게 월등한 능력을 지녔다. 그만큼 자연환경 유지에 일조를 한다. 그 하나만으로도 존재가치가 있다.

순천만의 갈대는 바닷물이 직접 드나들어 마음껏 염분을 섭취하며 갈수록 싱그러움을 더하지 싶다. 하지만 이곳 신성리 갈대는 하구둑이 바다와 강 사이를 가로막아 좀처럼 염분을 맛볼 수 없어 마디가 부실하다.

부석부석하니 주저앉을 만큼 힘이 없다. 갈대는 맹물이 싫다. 물만으로는 싱거워서 염분을 먹고 싶다. 바닷물이 자유롭게 오갈 수 있기를 바란다. 저 아래에 하구둑이 없었을 때는 건강한 몸에 윤기가 넘쳐났었다.

왜, 자연의 맥을 끊어놓고 희희낙락하는가? 바다와 강이 몸을 뒤섞는 완충지대가 있다. 바로 그곳이 갈대가 살기 좋은 곳이다. 하지만 인위적으로 단절시켰으니 갈대의 몸에도 이상 기류가 나타날 수밖에 없다.

갈대밭이 살랑살랑 흔들리는 것은
갈대가 아닌
수군수군 속삭이는 것은
사람이었다.

사람이 갈대를 보는 것이 아닌
갈대가 사람을 보고
사람은 갈대가 되어가며
고뇌에 빠져들고

갈대는 갈대끼리
사람은 사람끼리 서로 부딪치면서
지나간 상처를 꺼내놓고
신음하는

마음을 비우듯이
자꾸 내려놓아야 꼿꼿해진다고

속을 비우며
그리움을 그리워하는
갈대는 손을 흔들고
사람은 몸을 흔들며
바스락바스락
찾아들 철새 울음소리를 기다렸다

– 갈대 인간

신성리 갈대밭에서 갈대가 살랑살랑 자꾸 흔들어댄다. 비록 거친 가슴이지만 편안한 쉼터의 보금자리이고 싶고 초조하면 다독거리며 품어주고 싶다고 한다. 새들아, 잠자리가 없고 추우면 언제든 모두 오라고 한다.

사그락사그락 소리는 오히려 마음 놓고 속삭여도 괜찮고 엿듣는 이 없다고 한다. 사람 키를 훌쩍 넘는 갈대 군락은 담장이 따로 없어도 가릴 것은 가릴 수 있는 울타리 안과 다름 아닌 아늑함이 깃들여져 있다.

괜스레 옆 눈치 볼 것 없는 수많은 공간은 숲길을 거니는 고즈넉함도 함께 한다. 혼자 걸어도 좋고 둘이서 두런두런 걸어도 좋다. 미로 같은 길을 서두르지 않고 가고 싶은 방향 마음 내키는 대로 가보는 거다.

겨울이면 금강하구는 철새도래지로 많은 새들이 찾아온다. 수만 마리 가창오리의 합창과 함께 일사불란한 군무는 장관을 이룬다. 그 누군가 앞장서 지휘를 하면 군소리 없이 일제히 따르는 것이 불문율이지 싶다.

보이지 않는 본능적 예감이다. 직접 대표로 뽑지는 않았어도 지도자로서 손색없음이 강력한 힘으로 느껴질 것이다. 그 누구도 이의를 달지 않는다. 사전 리허설 같은 것도 없다. 서로 부딪치거나 혼란스럽지 않다.

길을 잃은 철새가 되어 길을 찾는다. 왜 그렇게 밤낮 없이 서있어야 하는지 자못 궁금해도 끝내 묻질 못했다. 그냥 하나의 갈대가 되어 함께 서있기도 하고 바람 부는 대로 흔들려 보며 더 강인해지는 느낌이었다.

2016. 10. 29.

바다가 된 금강

강물은 오로지 앞만 보고 흘러간다. 자연의 속성은 결코 되돌아가지 않고 돌아보지도 않는다. 한여름 아무리 가뭄으로 온 세상이 떠들썩해도 꿋꿋하게 참아가며 견디어 내어 그 고비를 넘긴다. 가을을 맞으면 지친 몸을 추슬러 열매 맺고 통통하게 여물어 결실과 거둠이라는 기쁨이 있다.

금강은 충청의 곳곳을 흘러가며 어루만지고 다독거리면서 속살을 보았을 것이다. 숱한 고난도 때로는 여유로움도 있었으련만 묵묵히 입 다물고 제몫을 다할 뿐 바다를 향해 가는 것이 전부인 양 밤낮없이 흘렀다.

부족하면 부족한 대로 넘치면 넘치는 대로 투덜거리거나 좋아 시시덕거리지 않는다. 비우고 채우며 가는 세월이다. 강물도 줄었다가 넘쳤

다가 있는 그대로 끊임없이 흘러간다. 계절이 바뀌어도 순응하는 자연이다.

금강이 천리 길을 달려 마침내 장항의 하구둑에 다다라 잠시 머물다 바다로 흘러든다. 금강과의 인연을 끝내면서 바닷물이 된다. 그간 흘러오면서 수많은 생명의 목줄을 적시었고 충청의 젖줄로서 손색이 없었다.

꿈은 이루어졌다. 언제까지 강물로 남아있을 수는 없다. 하지만 금강 자체가 없어지거나 그 역할이 끝난 것은 아니다. 앞질러 내달은 강물이 졸업을 한 셈이다. 지금 이 시간에도 금강은 부지런히 흘러가고 있다.

그래서 더 자랑스럽고 믿음직스러우며 정감이 묻어난다. 보다 깨끗한 물과 함께 한다는 자부심의 긍지를 지닐 수 있다. 이처럼 혜택을 받고 있는 만큼 금강을 돌아보며 보호하는데 한 치도 소홀함이 없어야 한다.

강은 길이다
물이
줄줄이
따라간다

꿈틀꿈틀
긴
뱀이
기어 다닌다

ㅡ강

산골짜기 빗물이 강이 되고 바다가 되는 것은 쉽지 않다. 굼벵이에서 매미가 되려면 마지막에 갑옷 같은 허물을 벗어야 한다. 비로소 우화등선하며 매미로 날아올라도 고작 일주일 여름 울부짖다 일생을 마감한다.

강물이 바다가 되는 것은 다르다. 아무런 흔적조차 남기지 않는다. 표정하나 다르지 않지 싶다. 그저 속으로 절어드는 소금기 짠 맛이다. 오래 두고 썩지 않기 위함이다. 더 크고 많은 물에서 포용하기 위함이다.

슬그머니 강이라는 과거는 지워진다. 오로지 바다만으로 살아남는다. 그 속에는 더 많은 생명체가 살고 있다. 이제는 강물보다 더 늠름하고 의젓해야 한다. 그러려면 간간하게 자신부터 간을 맞출 줄 알아야 한다.

돌아갈 수 없는 바닷물이다. 몸에 밴 짠 기운을 씻어낼 수 없다. 그리워도 참아야 한다. 애타게 육지로 달려들지만 남는 것은 허탈한 거품에 사르르 잦아드는 신음뿐이다. 외로워도 바다로 살면서 당당해야 한다.

얼마나 애절하게 달려온 머나 먼 길이냐. 자그마치 천리 길 금강이 아니더냐. 밤낮을 가리지 않고 오직 바다만이 전부인 양 꿈에 부풀지 않았더냐. 비로소 꿈이 이루어졌다. 마음잡고 바다로서 기개를 펼치어라.

멋은 듯 멋지 않은 일상이다. 아직도 야망이 남아있다면 국제선을 타는 것이다. 인근에서만 노닐지 말고 보다 큰 곳으로 나가보는 것이다. 쉽지 않은 여정이지만 남중국해나 더 넓고 넓은 태평양으로 가는 것이다.

바다는 굽이굽이 모퉁이를 돌며 부딪치거나 가뭄이라고 바닥이 드러날까 걱정 없다. 한겨울 추위에 온 몸이 꽁꽁 얼어붙을까 걱정 없다. 갑자기 밀려드는 심하게 오염된 물에 함께 오염되어 끙끙 앓을 일이 없다.

바다는 하늘과 같다. 의젓하게 품위를 지킬 수 있다. 바닷바람 세차다고 물속까지 그리 차가우랴. 외롭고 쓸쓸하다고 하지만 그 품속에 수많은 생명체가 살아가고 있으므로 그들을 지키는 것만도 큰 자랑거리다.

바다는 편견이 없다. 어느 골짜기에서 시작된 빗물이었음을 잊는다. 하지만 바다가 되기 위해 흘러오면서 천리 충청의 젖줄로 제몫을 톡톡히 해냈으며 뒤를 이어 금강은 오늘도 자랑스러운 이름으로 흐르고 있다.

2016. 11. 17.

오늘도 금강은 흐른다

햇볕을 받고 달빛이 있고 어둠까지도 꿀꺽꿀꺽, 맑고 은은하고 푸르며 시커멓게 밤낮을 쉬지 않고 흘러라. 멀리서 가까이서 짐승소리 새소리 온갖 수군대는 소리에 사랑을 나누는 소리까지 가슴에 품고 묵묵히 흘러라.

누가 너의 출생의 비밀을 말하랴. 깊은 산속 바위를 내리치며 내동댕이쳐진들 무슨 관계냐. 개똥, 쇠똥에 떨어지고 거름통에 쑤셔박히고 청상의 한숨소리에 아가씨방 창가나 빌딩옥상에 떨어져도 마찬가지로 말짱하다.

온갖 진흙탕이었거나 낭떠러지 폭포에서 시퍼렇게 질려 하얗게 거품을 물었다가 평정심을 찾기도 했다. 나뭇잎에 덮이고 아예 돌 틈에 숨어들어 끊긴 줄 알았다가 저 아래 웅덩이에서 다시 태어나듯 드러냈으면 어떠랴.

시궁창에서 지독한 냄새를 뒤집어쓰고 부드러운 풀밭을 지나고 소나무 은은한 향기가 묻고 꽃잎에 떨어져 더듬거렸으면 어떠랴. 돼지의 발밑에 밟히고 닭이 쪼던 물이면 어떠랴. 지난 것은 지난 것이고 지금은 지금이다.

빗물이 모여 함께 흐르면서 일부는 새가 먹고 짐승이 먹고 뱀이 먹고 나무와 풀의 뿌리를 적시고 사람이 마시고 햇볕에 졸아들고 땅속에 스며들면서 남은 너희가 희생된 그들의 몫까지 무사히 흐르기를 바랐을 것이다.

성난 군중처럼 두려운 줄 모르고 날뛴 때가 있었다. 이리저리 산산조각이 나서 흩어졌다가 다시 만나고 어우러져 먼 길을 흘러오면서 깨끗하게 걸러지지 않았더냐. 지난날의 아픔 같은 것은 모두 내려놓고 흐르고 흘러라.

지금이 지난 일일 수 없듯 지난 일이 지금일 수 없다. 지금의 그 모습 그대로 늠름하게 흘러라. 사람들이 바라보고 생각하는 아름다운 비단자락 강물이다. 그냥 흐르는 것이 아니다. 충청의 젖줄 되어 금강으로 흐른다.

상류에서는 자주 좁아졌다가 아예 사라진 듯 말랐다가 가늠할 수 없도록 점점 넓어지고 깊어지기도 하였다. 질러가면 근거리인데 굽이굽이 돌고 돌아 천천히 먼 길 택해 흐르며 조금이라도 많은 혜택을 나눌 수 있었다.

나뭇가지에 대롱거리고 풀잎에 매달리는 온갖 우여곡절을 겪어가면서 가까스로 다시 모이고 모여 여기 하나의 강이 되었다. 도랑도 되고 계곡도 되고 냇물도 되면서 가는 곳마다 호칭도 제 각각 다르게 불리기도 하였다.

때로는 크고 작은 호수에 갇혔다가 넘쳐야 탈출하듯 달음박질했다. 새파랗게 질렸어도 내색하지 않고 천연덕스럽게 흘렀다. 그런 모진 모험을 치루고 그런 아찔한 순간을 수없이 겪어도 아무렇지 않은 당당함이 있었다.

자랑도 불평도 내놓지 않는다. 그냥 아무 일 없이 아주 평화롭게 흘러온 듯싶은 표정이다. 언제나 너는 그런 것은 아랑곳하지 않았고 오로지 앞만 보고 묵묵히 흘러가는 거다. 그런 너의 모습이 아주 믿음직한 것이다.

지켜보는 마음이 더 찡하도록 자랑스러운 것이다. 뜬봉샘에서 출발하여 장항 앞바다까지 한 달이고 스무날이고 열흘이고 닷새고 중간 중간에 끼어들어 천리를 이어가며 수많은 생명의 젖줄 역할에 누가 시시비비하랴.

금강 물을 마시고 살아가는 짐승은 알 낳고 새끼 낳아 길렀다. 푸나무는 꽃 피고 열매 맺었다. 너를 마시며 자란 식물이 독초가 되기도 하고 약초가 되기도 하였다. 향기 좋은 꽃이 되고 사나운 들짐승이 되기도 하였다.

그러나 너는 너의 영역이 아니라는 듯 깊숙이 관여하거나 내색조차 없었다. 누구에게도 차별하지 않았다. 쓸쓸히 죽어가는 것이 있고 무성하게 번식하는 것도 있다. 고고한 척하는 것도 있고 수많은 무지렁이도 있다.

그렇지만 생명체에게는 생생한 삶의 현장으로 공통관심사라도 물에 대한 고마움을 표하는 모습은 그다지 없었다. 사람들조차도 시큰둥하였다. 그런 것에 개의치 않지만 물은 여전히 직간접으로 영향을 미칠 수밖에 없다.

깊고 험한 산속을 헤집고 바위를 넘고 넘으며 자갈밭 모래밭에 평탄한 길도 있다. 때로는 빠르게 혹은 느리게 아주 천천히 굽이치면서 스스로 앙금을 가라앉혀가며 하루 한 날처럼 달려온 너의 끈기는 나무랄 데 없다.

물은 같은 듯 다르고 다른 듯 같다. 구태여 차별화하려 하지 않는다. 그런 것에는 관심 없는 듯 보고도 못 본 것처럼 알고도 모르는 척 입을 다물고 다툼보다는 초연하여 오로지 앞으로 흐름이 전부인 듯 고집하였다.

지방자치구역인 장수 무주 금산 영동 옥천 보은 청주 대전 세종 공주 부여 논산 익산 군산 서천뿐 아니라 천안 청양 아산 보령까지도 물길이 뻗어나갔다. 크게 보면 대전 충남 세종 충북 전북을 금강이 아우르고 있다.

2016. 11. 19.

내가 나에게 서비스하는 날

팔월도 곧 하순에 접어든다. 그동안 끝이 보일 것 같지 않았던 폭염이 슬그머니 고개를 숙이고 주춤거린다. 아침저녁으로 제법 선선한 가을 바람이 불어온다. 뒤늦게 여름휴가를 겸해서 세 가족이 함께 여행을 나섰다.

단순한 여행을 넘어 『내가 나에게 서비스하는 날』로 명명했다. 심신이 고달프게 멀리 가기보다는 가까이서 나 자신에게 신경 쓰기로 했다. 보고 싶은 만큼, 먹고 싶은 만큼, 하고 싶은 만큼 즐기며 아산투어를 한다.

아산은 고향 땅이기도 하다. 다른 두 가족에게도 이웃 땅이며 연고가 있어 낯설지 않은 곳이다. 이미 한두 번, 어느 곳은 수차례 다녀본 곳이다. 그렇지만 이렇게 계획을 세워 가기는 그리 흔치 않은 일이기도 하다.

며칠째 비 오는 것도 아니고 안 오는 것도 아닌 구질구질하던 날씨가 파란 하늘을 드러낸 상쾌한 아침이다. 부르기 편하게 호칭부터 정했다. 『최 고문』이고 『이 회장』이고 『박 집행위원장』으로 한바탕 웃음이 터졌다.

덥다고 너무 더워 맥 못 추고, 비 온다고 오늘도 비 온다고 투덜거릴 때, 푸나무는 묵묵히 제몫을 다하고 있었다. 쭉쭉 키 크고 휘휘 가지가 늘어졌다. 다닥다닥 열린 호두가 가을이 오고 있음을 아는 듯 여물고 있다.

엊그제 모내기한 것 같은데 벼이삭이 나오고 누릇한 조생종도 보인다. 수수이삭은 망을 뒤집어쓰고 새들의 눈치를 살핀다. 길목에 매미는 목청껏 자지러지고 쏟아지는 햇살은 여전히 후끈후끈 여름날임을 상기시킨다.

천년의 숲으로 불리는 곳에 백제의 사찰 봉곡사다. 중간에 소실되어 다시 건축되었다. 수백 년 소나무의 숲이 압권이다. 조선소나무 특유의 붉은 몸매는 거북등을 만들고 자연스런 곡선미에 늘 푸르른 은은한 향기다.

봉곡사는 만공스님이 면벽 수도하다가 깨달음을 얻고 오도송을 읊은 곳이다. 만공스님은 경허스님의 제자로 예산 수덕사 주지스님이 되었고 서산 간월도 간월암을 일제 때 중수하였으며 세계일화(世界一花)를 남겼다.

그런데 지워지지 않는 아픔의 흔적은 어쩔 것이냐. 소나무몸통 지상 1m 전후에 V자 큼직한 상처를 새기고 있다. 일제암흑기 송진을 채취하기 위해 도려낸 껍질마다 지금껏 입을 떡 벌리고 눈을 감지 못해 부릅뜨고 있다.

외암민속마을이다. 이곳 민속마을에서 마음에 담을 만한 것은 양반가와 서민과 하인들의 생활상 중 주거지를 비교해 볼 수 있다. 솟을대문의 양반가에는 커다란 정원과 정자와 연못과 소나무가 정취를 살려내고 있다.

서민의 초가지붕 사립문은 초라하기 그지없다. 하지만 하나의 예술품으로 돋보이게 하는 돌담길이다. 양반가의 고래등 같은 기와집이 높게 쌓은 돌담으로 둘러쳐졌다. 그 길을 가면 고즈넉하면서도 공연히 궁금해진다.

정원 깊숙한 안쪽에 양반가 귀한 따님의 거처가 있다. 감히 어떤 불한당 같은 놈이 엿볼 수 있으랴. 담장을 기웃거리다 붙잡혀서 볼기맞고 풀려나면 그나마 다행이다. 그러나 세월은 그마저 허물고 옛이야기일 뿐이다.

맹씨 고택이다. 청백리의 표상인 고불 맹사성의 고택이다. 당시 고관대작이 가마를 타고 다님은 당연했을 터인데 극구 사양하고 혼자 검은 소를 타고 다녔다. 시골노인 같은 소탈함을 보이면서도 많은 일화를 남겼다.

맹사성은 이성계의 최대 정적인 최영 장군의 손녀사위다. 역적은 8족을 멸하고도 분이 풀리지 않던 시절 젊은 선비였던 맹사성의 인품이 어떠했는지 미루어 볼 만하다. 좌우정까지 올랐으며 기대에 어긋나지 않

있다.

세종 때 맹사성은 중국인 아버지와 기생 사이에 태어난 관노 장영실을 거센 반발에도 발탁하였다. 장영실은 감히 넘볼 수 없는 높은 벼슬에 올라 혼천의, 해시계, 측우기 등을 발명하였다. 아산에 '장영실과학관'이 세워졌다.

현충사다. 성웅 이순신 장군을 기리는 곳이나. 충무공정신을 되새겨 보는 곳이다. 이제 그런대로 일본을 잠재우고 있는데 큰 골칫덩이 김정은이 연신 끔찍스런 짓을 벌이고 있다. 이런 때 새삼 충무공 같은 분이 떠오른다.

소년시절 말달리며 뛰어넘었다는 두 그루 은행나무는 아직껏 은행을 주렁주렁 매달고 푸름을 과시한다. 땀을 흘리고 마셨을 충무정을 거쳐 청대바람소리를 들으며 영정을 뵙고 내려오는 길 연못에 잉어들이 여유롭다.

충무공 묘소를 찾았다. 노량해전을 마지막으로 54세에 고운 잔디이불 덮고 부인 방씨를 맞아들여 함께 영면하셨다. "죽고자 하면 살고 살고자 하면 죽는다." 수백 년 소나무가 숲을 이뤄 굽어보고 있다. 편안 하소서!

아산투어를 하였다. 아산보다는 온양이 더 낯익은 이름이다. 아산에는 온양온천, 도고온천, 아산온천, 3개 온천이 있다. 땅속은 뜨거운 온천이 흘러도 금강 대청호 물을 식수로 사용하니 금강으로부터 자유롭지 않다.

여행은 외국으로 나가든지 여의치 못하면 낯선 먼 곳이어야 보람이 있는 것은 아니다. 가까운 국내에서도 얼마든지 다시 찾아볼 만하고 즐길 만한 곳이 많이 있다. 관심도에 따라 새로운 모습을 보고 느낄 수도 있다.

이번 '아산투어'는 나를 힐링 하며 나를 되새겨보는 여행이었다. 모처럼 『내가 나에게 서비스하는 날』이었다. 마음 가는대로 먹거리를 찾고 보고 들으며 발길이 가는대로 따라 가고 머물렀다. 그간 고마웠고 미안했다.

2017. 08. 18.

맹꽁이 울음소리

갑작스러운 맹꽁이 울음소리가 지난날을 반추하게 한다. 그리움을 쏟아놓는다. 그 특유의 목청은 다름없으나 어딘가 애절하고 절박하게 들렸다. "아직 이렇게 살아있어요." 근황을 알려주는 듯싶어 반갑기도 하였다.

1970년대만 해도 장마철이면 어디서나 쉽게 들을 수 있었던 소리다. 특히, 모내기를 못하고 동동거리다가 한꺼번에 쏟아진 비로 계단식천수답까지 눈코 뜰 사이 없이 논두렁을 손보면서 뒤늦은 모내기를 하였었다.

가뭄에 어떻게 목숨을 부지하고 있었는지, 개구리와 경쟁하듯이 울어댔다. 그 동안 온갖 서러움은 몇날며칠 토해내도 부족할 것만 같았다. 가득 찬 논물보다도 더 질펀하게 넘쳐흘렀다. 바쁜 일손을 더 바쁘게 했다.

감자를 캐다가 작은 감자 같은 것이 뭉클해서 보면 맹꽁이였다. 그렇게 바깥세상에 나오지 못하고 땅속에 숨어 숨죽여 살았다. 개구리보다 작은데 배가 불룩하였다. 배가 불룩한 아이를 맹꽁이라고 놀려대기도 하였다.

개구리는 그래도 인기가 있었다. 울기만 하는 맹꽁이는 어쩌다 마주치면 정말 몰골이 사나울 만큼 못 생겼었다. 비가 오려면 울지는 않지만 넙죽한 입에 큰 눈을 끔벅끔벅 음흉해 보이는 두꺼비까지 가세를 하였다.

아주 망나니인 아들 청개구리가 있었다. 어깃장에 하도 말썽을 부려서 엄마가 죽으면 개울가에 묻어달라고 유언을 하였다. 그러면 분명 매사를 거꾸로 하니까 산속 높은 곳에다 묻어주겠지 마음속 계산을 한 것이다.

아들 청개구리는 뒤늦게 잘못을 깨달았는지, 처음이자 마지막으로 엄마의 소원대로 개울가에 묻어주었다. 그리고 이제 나도 효도를 하였다고 뿌듯해 했다. 하지만 엄청나게 비가 쏟아지면서 엄마의 무덤이 걱정되었다.

그 후 비가 오려고 하면 청개구리가 먼저 목 놓아 운다고 한다. 그런데 가슴을 뭉클하게 하는 것은 왜일까? 부모님에 대한 불효는 뒤늦게 두고두고 후회해도 이미 때는 늦어 어쩔 수 없이 아픔으로 남을 뿐이다.

입추를 갓 지났는데 폭염이 주춤거리면서 가을바람을 느낄 만큼 선선해진 새벽에 버드내를 걸었다. 풀숲에서 '우엉, 우엉' 황소개구리 울음소리가 들려왔다. 황소처럼 우렁차게 울어서 황소개구리라고 부르게 되었다.

이번에는 '맹, 꽁, 맹꽁' 낯설지 않은 울음소리다. 순간 기억에서 까마득하게 잊고 있었던 소리를 찾아낸 기쁨에 반갑기 그지없었다. 불과 두세 마리였지만 분명히 맹꽁이 울음소리였다. 지난날이 한꺼번에 몰려들었다.

그래, 여기서 목숨을 부지하고 있었구나! 반딧불이, 매미만큼이나 여름을 추억 속으로 가두는 녀석 중 하나다. 농약 때문에 농촌에서조차 찾아보기 어렵다. 사람은 좋은 세상인지 몰라도 저들은 더 힘든 세상이었다.

사실은 저 소리가 울음소리가 아니라고 한다. 저렇게 숨어살다시피 하면서 울 까닭도 없지 싶다. 아주 애절하면서도 환희에 찬 소리이다. 짝짓기를 위한 수컷이 암컷을 부르는 소리다. 일종의 임을 향한 세레나데다.

가까이에 있어도 어디 있는지 모른다. 종족보존이라는 본능적 사명감에 그 대상을 찾고 있는 것이다. 그 시간이 너무 촉박하다. 일 년 중 불과 며칠뿐으로 다급한 것이다. 종족을 지키기 위한 지상명령이기도 하다.

맹꽁이는 아예 아래턱 앞쪽 끝에 울음주머니를 달고 있다. 그만큼 맹꽁이는 타고난 울음꾼이다. 울고 싶어도 울지 못한다는 말을 가끔 듣는다. 장마철 맹꽁이처럼 울어보는 것도 괜찮지 싶다는 뚱딴지같은 마음이다.

맹꽁이 울음소리가 이렇게 심금을 울릴 줄은 몰랐다. 어딘가 잠재해 있다가 이렇게 추억으로 불쑥 튀어나와서 감동적일 줄은 몰랐다. 또한 맹꽁이 울음소리 하나가 개구리, 청개구리, 두꺼비까지 불러올 줄은 몰랐다.

오늘은 산책보다 여간해서는 흔치 않은 지난날을 추억이란 이름으로 꺼내어 뒤적거리며 돌아보는 시간이었다. 과거라기보다는 현실 같은 생생함에 동승하고 있었다. 잠시 타임머신을 타고 시간여행을 한 느낌이었다.

비록 직접 맹꽁이를 보지는 못했지만, 그 여운은 오래도록 가슴에 남아있을 것이다. 당분간 이 근처를 지나가면, 행여 그 목소리가 들려올지도 모른다고 은연중 귀를 기울이게 하고 발걸음을 머뭇거리게 할 것이다.

그만큼 이 냇가는 살아있는 자연환경이라 할 것이다. 농촌조차 맹꽁이가 살아가기에 팍팍해 종적을 감추는데 도시의 하천에서 그 존재를 드러낸 것이다. 삶의 안전지대로 여기고 있을 만큼 의미가 담겨있는 것이다.

2017. 08. 11. 말복

습관도 바뀔 수 있다

한 켤레 구두에 몇 벌 옷을 갖고 있는 사람은 아무렇지 않게 외출을 하는데, 십여 켤레 구두에 철철이 옷이 있는 사람은 오히려 무엇을 입고 무엇을 신어야 할는지 고심을 하며 마땅한 구두나 옷이 없다고 투덜거린다.

습관에 젖으면 아무렇지 않다. 당연하게 여긴다. 그렇지 못하면 얼굴이 붉으락푸르락 신경질을 부리며 자괴감으로 자기 우울증에 괴로워한다. 마치 누가 자기만을 눈여겨보며 이러쿵저러쿵 하는 것으로 착각에 빠져든다.

있을수록 앙앙거린다고 한다. 먹을수록 징징거린다고 한다. 먹어본 녀석이 맛을 알아 더 밝힌다고 한다. 없으면 없는 대로 지나가지만 있을

수록 모양을 내며 뽐내보고 싶은 충동 때문이다. 물은 차면 절로 넘쳐흐른다.

자연인은 산속에서 홀로 지내며 누구의 간섭도 받지 않고 하고 싶은 대로 할 수 있어 가장 행복하다고 한다. 공해에 찌들지 않은 신선한 환경에서 늘 자연과 함께하고 산을 오르내리며 물질적 빈곤에도 만족하다고 한다.

대부분이 사회생활을 하다가 사업에 실패를 하거나 병마에 시달리다가 마지막 희망을 걸고 들어간 사람들이다. 아픔도 욕심도 내려놓고 건강을 되찾아가고 홀가분한 마음에 문명의 이기마저도 포기했지만 후회는 없다.

다시는 제도권으로 돌아가고 싶지 않다고 한다. 지금처럼 행복하게 살아갈 자신이 없다고 한다. 오직 하나의 길만 있는 줄 알고 올인하다가 뒤통수 맞고 빈털터리로 전락, 산에서 홀로서기 새 삶을 살아가고 있는 것이다.

이처럼 극단의 상황을 맞게 되면 어쩔 수 없이 진로를 바꿀 수밖에 없다. 평소에도 가능하겠지만 변화를 원치 않고 의지가 부족한 것이다. 필요성이나 확실성을 담보할 수 없어 은연중 변화보다 안정에 무게가 놓인다.

반복은 곧 습관으로 이어진다. 습관은 안정을 바라고 안전하다는 심리가 깔리게 된다. 시내에 나갔다가 집으로 돌아오는 길은 많다. 그러나 대개는 평소에 다니던 길만을 고집한다. 저절로 발길이 그곳으로 향하고 있다.

습관이다. 그동안 그런 과정을 겪어왔기에 중독된 것이다. 의문을 갖지 않고 당연한 것으로 받아들이는 것이다. 큰 틀에서 믿음이기도 하다. 잘못하면 타성이 되고 더 좋은 길이 있음에도 외면을 하는 우를 범할 수도 있다.

모든 것은 언제든지 변하여 능가할 만한 것이 생겨날 수 있다. 전에는 그것이 최선의 방법일 수 있었으나 상황은 동적으로 바뀔 수 있다. 습관도 업그레이드하듯이 한 곳에 머무르는 듯싶어도 은연중에 변화가 생겨난다.

속담도 오래되면 변한다. 백의민족이 자랑이었고 저축만이 살 길이었는데 다문화가족에 소비를 촉진한다. 가족계획이 살 길이었는데 많이 낳자고 한다. 진리처럼 여기던 것도 세월이 흐르며 허물어지고 바뀌어 가고 있다.

고인 물은 결국 썩게 되어 있다. 물이 흘러가듯 마음도 한 곳에 꽂히기보다는 자꾸 새롭게 하여야 한다. 푸나무가 계절 따라 변화하며 싱그럽고 고운 단풍을 볼 수 있게 한다. 강물도 끊임없이 굽이쳐야 생동감이 있다.

4대강을 정비하며 금강도 물길이 달라졌다. 바로 잡고 보를 막아 깊어져 유속이 달라졌다. 인위적인 변화다. 여기에 천둥번개치고 폭우로 물난리를 겪으며 강둑이 무너지고 바닥이 휩쓸려가 물 흐름이 달라지기도 한다.

곧고 빠르게 흐르던 물이 굽이굽이 천천히 돌아가며 물길을 다시 만든다. 이쪽 흙을 파다가 저쪽에 쌓기도 하고 자갈을 골라다가 아래에 수북하게 모아놓기도 하며 물길이 고르게 흐르기보다 한 쪽으로 치우쳐 흘러간다.

평소에 흘러가던 물길에서 벗어나 마치 냇물이나 강물이 수시로 옮겨 다니는 것처럼 보이기도 한다. 인간도 같은 일을 반복하다 보면 싫증을 느끼면서 변화를 구하기도 하지만 자신도 모르게 성격이 바뀌었다고도 한다.

2017. 08. 16.

서천의 장항에서

줄 것 다 주면서 애를 먹인다는 말이 있다. 금년 날씨가 그렇지 싶다. 봄내 가뭄으로 몸살 앓게 하더니 팔월에는 이제 그만 왔으면 할 만큼 지겹도록 비가 내렸다. 하지만 연중 강수량은 크게 다르지 않을 것이다.

이처럼 비를 몰아서 한꺼번에 내리지 말고 필요하다고 느낄 때 골고루 나눠 내리면 오죽이나 좋을까. 사람의 힘으로는 어쩔 수 없어 하늘의 눈치나 살펴야 하니 그만큼 답답하고 자연 앞에 작아지며 안타까운 일이다.

매사에 생색내기가 아니다. 할 일은 하여야 하고 명분이 있어야 한다. 모든 일에 당연시 하는 경향이 있다. 요즘 갑질도 그 중에 하나였다. 내가 중요하면 남도 중요하다. 내가 대우를 받고 싶으면 남도 마찬가지다.

무더위가 극성을 부리며 그 끝이 도대체 어디인지 보일 것 같지 않았지만 8월 하순에 접어들고 처서가 지나며 하루아침에 고개를 푹 숙였다. 마치 온 세상에 대형 에어컨을 틀어놓은 것보다 더 서늘하게 급변하였다.

오랜만에 보는 높고 파란 하늘이다. 그간 계속된 폭염에 찌들대로 찌들고 매일이다시피 집중호우 혹은 찔끔찔끔 혼란스럽도록 내리는 비에 지친 마음을 한꺼번에 닦아내며 가을의 문턱에 다다랐음을 은연중 암시한다.

비로소 출구가 보이면서 가을이 오고 있음을 직감한다. 가을은 넉넉해 좋은 계절이지만 한 편으로는 걱정이 되기도 한다. 곧 겨울이 오고 월동준비를 하여야 하는 것이다. 이처럼 때가 되면 갈 것은 가고 올 것은 온다.

자연은 내 마음을 읽고 알아서 척척 해주는 것 같다. 그래서 믿음이 가고 공평해서 좋다. 굳이 크게 신경을 쓸 일이 없다. 고마운 일이고 감사한 일이다. 하지만 그렇게 생각하기보다 당연한 것으로 여기기 일쑤였다.

목이 타고 가뭄이 들어 비가 왔으면 할 때 비가 온다. 꽃이 보고 싶다 하면 꽃이 활짝 피어났다. 좀 따뜻해야지 싶으면 햇살이 나와 있다. 신록이 우거지고 열매가 자라서 여물어 간다. 예정된 계절의 자연스런 변화다.

그런데 간혹 그 자연스러움이 너무하지 싶게 어긋나 애를 태우게 한다. 통제가 안 되는 황소고집을 피우는 것 같다. 그래서 자연이라고 너무 믿으면 안 되지 싶으면서도 습관이 되다시피 하여 당연하게 받아들이고 있다.

서천 마량리다. 겨울에 같은 장소서 해가 뜨고 지는 모습을 볼 수 있는 곳이다. 인근 홍원항에 가을 꽃게가 잔뜩 잡혀왔다. 큰 집게발도 뭍에서는 무용지물이다. 철 지난 춘장대해수욕장, 철 이른 동백정 동백도 있다.

장항 송림이다. 바닷가 해송숲이다. 모래밭은 모래찜질로 이름난 곳이다. 썰물에 갯벌이 훤히 드러났다. 갈매기가 웅크리고 앉아서 밀물에 물이 들어오기를 기다리고 있다. 몇몇이 갯벌체험이다. 바다이야기를 캐나보다.

아파트 6층 높이 해송의 키와 대등한 15m 높이에 길이 250m의 공중 산책로인 스카이워크가 바닷가 송림 숲속에 들어섰다. 기벌포해전전망대다. 바다 건너 중국까지 조망 되지는 않지만 훤히 트여서 시원시원하니 좋다.

기벌포는 백제 때 금강하구인 장항 앞바다의 명칭이다. 금강을 통해서 수도 사비성(부여)에 다다를 수 있는 군사요충지다. 나당연합군으로 백제를 무너뜨린 신라와 당나라가 서기 676년에 기벌포에서 최후일전을 벌였다.

신라가 대승을 하면서 당나라군을 대동강 이북으로 쫓아내고 삼국통일을 이룩할 수 있었다. 천삼백여 년 전 이야기다. 피비린내가 진동을 하였을 전쟁터에 그 흔적을 말끔하게 묻고 지워서 외관상 아무런 낌새조차 없다.

막힐 것 없는 스카이워크에서 올려다보는 하늘이며 내려다보는 발밑이나 작은 섬과 멀리 긋는 수평선은 아름답다. 장항은 1939년 암흑기에 읍으로 승격된 유서 깊은 곳이었으나 한동안 침체되었다가 활기를 되찾고 있다.

하나 같이 즐거운 모습으로 힐링하고 있는 관광객들이다. 이것이 역사다. 역사는 말이 없지만 묵묵히 어딘가에는 아주 조심스럽게 그 기록을 남겨놓았다가 슬그머니 내놓을 뿐인 전쟁터에 핀 아이러니한 평화의 꽃이다.

그 뿐인가, 1936년 일제가 조선제련주식회사를 설립하고 우리의 금과 은과 동 같은 금속을 수탈하기 위해서 장항제련소를 비롯해 홍남제련소, 진남포제련소를 세웠었으나 바로 옆에 장항제련소는 굴뚝만 우뚝 솟아있다.

장항제련소는 광복 후 비철금속제련의 핵심 거점으로 자리 잡았으나 환경공해로 최근에는 '전기동'만을 생산한다. 굴뚝은 1979년에 다시 건립한 것으로 해발 120m의 바위산에 90m 높이로 우뚝 솟아 당당한 모습이다.

금강 하구둑으로 바다를 막았다. 아니 강을 막았다. 강물은 수시로 바다로 내보내도 바다는 금강으로 올라오지를 못한다. 충청의 젖줄 금강은 천리를 달려와 소명을 끝내고 이제 그 이름마저 기꺼이 내려놓으려고 한다.

바다에는 출신지가 따로 없다. 금강 하구로 금강물이 당연히 많겠지만 굳이 구분하지 않는다. 출가한 스님을 떠올린다. 속세를 떠나 스님이 되었듯 금강이 금강이라는 민물을 떠나 짜디짠 바닷물이 되었다. 바다가 되었다.

하구둑은 장항과 군산을 오가는 육로의 길목역할을 톡톡하게 한다. 바닷길인 도선장이 없어지고 이제 군장대교가 바다를 가로질러 개통되면 힘을 덜어줄 것이다. 아니 장항을 그냥 외면하면서 내달릴지 몰라 두려워한다.

하구둑은 금강의 하구이면서 입구이다. 금강은 하구둑에 가로막히면서 바다가 되기 위한 마지막 대기소가 되었다. 언제쯤이나 수문이 열리게 될까 초조하다. 서두르지 마라, 한 번 바다가 되면 금강은 아주 잊어야 한다.

해묵어 누렇게 바래 부서지는 늙은 갈대를 새순의 갈대가 길길이 자라 끌어안고 가을을 맞으면 꽃피울 준비에 한참 골몰하고 있다. 대추가 굵어가고 익어가는 한산소곡주의 은은한 향기로 가을의 문턱이 다가서고 있다.

소곡주는 백제의 궁중 술로 나라를 잃은 유민들이 슬픔을 잊고자 소복을 하고 찹쌀로 100일간 빚은 술인데 맛을 보다가 취해 엉금엉금 기어다닌다는 '앉은뱅이술'이다. 술맛은 곧 물맛이니 결국 금강의 맛이기도 하다.

2017. 08. 27.

버드내서 냇물을 바라보며

냇가에 앉아 잠시 물과 함께 세상을 더듬으며 삶을 뒤돌아본다. 불과 며칠 전만 해도 비가 내려 붉덩물이 무섭게 요동쳤다. 마치 고래고래 소리를 내지르는 성난 시위대 같았다. 그런데 어느새 빠져나가고 잔잔하다.

나뭇가지에 너덜너덜 걸린 쓰레기며 그 흔적이 생생하게 남아있다. 물에 잠겨 납작 엎드렸던 풀은 무릎을 짚고 일어섰다. 악몽을 다 떨쳐내지는 못했지 싶다. 그래도 다시 조용했던 지난날의 모습을 찾아가고 있다.

열 길 물속은 알아도 한 길 사람의 속은 모른다고 했다. 그만큼 자연인 물은 깊어도 순수하고 단순함이 있는 반면, 사람은 복잡한 속내를 지니고 있다. 하기야 장마 때마다 뒤집어지는 물속도 다소 복잡할 것이다.

물 건너 불구경을 하고 있다고 한다. 안타까운 일이다. 남의 일이 아닌 내 일이고 현실로 닥쳐와도 나 몰라라 하는 식이다. 나는 괜찮은데 꼭 너 때문이라고 굳이 변명하거나 떠밀며 정작 자신은 빠져나오려 한다.

물은 거꾸로 흐르지 않는다. 물은 아래로 흐르고 불은 위로 치솟는다. 물이 얕으면 바닥 돌이 보이고 물은 깊을수록 소리 없이 잠잠해진다. 물은 차면 넘친다. 물은 트는 데로 흘러가고 오래도록 고여 있으면 썩는다.

물은 만나면 아옹다옹 서로 밀쳐 내지를 않고 뒤섞인다. 나쁘다거나 좋다거나 어디서 왔느냐 굳이 묻고 따질 필요가 없다. 따돌리거나 우쭐함도 없이 기다렸다는 듯 받아들인다. 만나는 순간부터 그냥 한 몸이 된다.

하지만 물과 기름은 얼핏 같은 물이지 싶어도 융화될 수가 없는 사이로 뒤섞이지 않고 동동 따로따로 뭉쳐서 겉돈다. 물불을 가리지 않는다고 한다. 물과 불은 상극이므로 어떠한 경우도 함께할 수 없는 관계이다.

물은 처음에는 쫄랑거리듯 흐르며 정화되고 의젓해진다. 한 방울 빗물이 모여들고 합쳐져 흐르면서 불리는 이름도 바뀐다. 계곡물이나 도랑물이 흘러 냇물이 되고 강물에서 끝내는 대망의 바닷물이 되어 출렁거린다.

물은 담기는 그릇에 따라 모양이 다르게 비쳐진다. 세모가 되고 네모가 되고 원이 되기도 하고 새끼줄처럼 굽이굽이 긴 물줄기로 이어진다. 생김생김에 연연하지 않는다. 아무려면 어떠냐. 물이면 그냥 물인 것이다.

생명이 있는 곳에 물은 꼭 있어야 한다. 물이 없는 곳에 생명이 살아갈 수 없을 만큼 필수적이다. 아주 작은 씨앗 하나가 싹트는 데도 수분이 필요하다. 꽃 한 송이가 피어나는 데도 수분이 없이는 존재할 수 없다.

사람의 몸에 수분함량이 70%라고 한다. 삶은 곧 물과 동행이다. 사람은 물을 가려 먹는다. 아무 물이나 먹지 않는다. 물맛을 찾아 삶의 질을 높인다. 술맛은 거의 물맛이다. 좋은 물을 사용해야 음식도 맛이 난다.

물은 있는데 먹을 물이 없다고 한다. 물 부족국가라고 한다. 오염이 되어 먹을 수 없기 때문이다. 냇둑이 터지도록 물이 넘실거렸는데 며칠 지나면 다시 빈 냇바닥을 드러낸다. 그 물을 잡아두고 잘 이용해야 한다.

물은 흐르면서 결코 두려워하지 않는다. 낭떠러지라고 겁먹고 피해가지 않는다. 투신하듯이 뛰어내리는 패기와 넘치는 생동감이 폭포를 만들어 낸다. 한 걸음도 뒷걸음질 치지 않는다. 오로지 앞만 보고 갈 뿐이다.

물은 피해서 흐르지 않는다. 깊은 계곡에서 이리 부딪치고 저리 부딪치면서 흐른다. 보다 낮은 곳을 찾아 경쾌하게 흘러가는 물이다. 그 울림의 소리는 명징하고 청아한 자연의 곡조다. 산을 넘는 아름다운 멜로디다.

댐이 곳곳에 만들어졌지만 물이 턱없이 부족하다. 오염까지 되어 걱정이 자꾸 쌓여간다. 인간이 물을 오염시키고 물이 인간을 괴롭힌다. 발등을 찍고 있는 격이다. 오염되지 않은 맛좋고 깨끗한 물을 찾아 나선다.

일찍이 원시인도 해안이나 강가의 넉넉한 물과 함께 삶의 터전을 잡고 살아왔음을 알 수 있다. 그 물속에는 생활에 필요한 풍부한 자원이 있기 때문이다. 인간뿐만 아니라 모든 생물은 물을 멀리하고는 살 수 없다.

냇가에 앉아 냇물을 바라본다. 맑은 냇물이 줄기차게 흘러간다. 살짝 손이라도 밀어 넣어보고 싶다. 하지만 지금 저 모습으로 흘러가기까지는 수많은 우여곡절을 겪어 왔으면서도 끝내 내놓고 하소연을 하지 않는다.

깊은 산속 바위에 내동댕이쳐져 산산조각이 났어도 추슬러 다시 모여들었을 것이다. 험난한 길에서 수없이 수난을 당하며 가쁘게 달려왔을 것이다. 아무렇지 않게 냇물로 흐르며 온갖 고비를 묵묵히 넘겼을 것이다.

우리 삶도 같은 모습이다. 지금은 화려해보여도 지난날은 숱한 고생으로 범벅되어 있다. 그 수많은 것들을 지금껏 다 드러내지 못하고 속앓이하고 있다. 항상 좋을 수 없듯 늘 나쁘지도 않아 가려서 살아가고 있다.

빈 곳을 만나면 채우느라 잠시 제자리걸음을 한다. 채우고 나면 다시 낮은 곳을 따라 끊임없는 행군이다. 그냥 가는 것이 아니다. 주변을 적시고 때로는 마른 바닥으로 스며들며 느릿느릿 가다가 발 빠르게 흐른다.

제멋에 취해 홍얼대는 물은 크고 작은 짐승의 목을 적시며 초목의 뿌리를 내뻗는 생명의 근원이 된다. 저 언덕에도 나비가 날고 새가 울고 물기를 넉넉히 머금은 초목이 가지를 흔들며 싱그러운 잎을 나풀거린다.

2016. 08. 03.

질서가 자연을 지킨다

장항 금강하구에서 갑자기 겨울철새인 가창오리 수만 마리가 한꺼번에 날아오른다. 하늘을 뒤덮으며 침침하다. 그래도 서로 부딪치는 불상사로 희생자는 생기지 않는다. 겉보기에 어수선해도 질서 정연한 날갯짓이다.

아마 사람이 사는 동네라면 엄청난 사고가 발생하였을 것이다. 실제로 최근에 체육관에서 콘서트하는데 관객이 환풍기 위까지 오르면서 중량을 못 이기고 무너지는 대형 참사에 부실공사로 인재라고만 떠들어 댔다.

신입 여대생의 오리엔테이션에서 건물이 폭설에 뒤덮여 무게를 못 이기고 무너져 수많은 사상자를 내기도 하였다. 서로 밀치고 넘어지고 밟히는 바람에 더 큰 참사가 되었다. 무질서의 극치를 보여준 예이기도 하다.

새는 집단일 때보다 혼자서 날아갈 때에 오히려 문제를 일으키는 것을 보았다. 시내에서 날던 새가 빌딩의 유리창을 들이받으면서 머리가 깨어지고 곧바로 떨어져 죽었다. 뇌진탕이었을 것이다. 불상사 자살행위였다.

새들은 본능적으로 서로를 감지하며 최소한의 거리를 유지하는 촉을 지녔다. 그러나 한 쪽이 부동의 빌딩으로 꼼짝을 않고 버티고 있었으니 새 혼자 잠시 깜박하는 사이 미처 피해갈 수 없는 참변을 당하였을 것이다.

유리창을 느끼지 못하여 그냥 창공으로 알고 잽싸게 날갯짓을 멈추거나 방향을 바꾸지 못한 것이다. 미리 충분히 피해갈 수 있었던 안전사고였다. 잠시의 방관이 죽음에 이르게 한 것이다. 극히 이례적인 일이었다.

한 번 지나간 바람은 되돌려올 수가 없다. 이미 지나간 시간도 되돌릴 수가 없다. 한 번 흘러간 물은 거슬러 올라오지 않는다. 그것으로 끝나고 다만 그 발자취가 추억이라든지 흔적만을 남겨놓았거나 그마저도 없다.

그러나 그런 행위가 반복되어도 깨닫지를 못한다. 새로운 바람이고 새로운 시간이고 새로운 물이지만 같다고 여긴다. 한 번 잘못은 쉽사리 지울 수 없는 고통이 따르게 된다. 끝내 지워지지 않는 상처는 옹이가 된다.

가을이 되면 단풍이 들고 단풍은 오래 견디지 못하고 힘없이 지며 앙상한 나뭇가지만 남는다. 새봄이 되어 그 자리에 떨어진 단풍이 아닌 새로운 잎이 피어나고 그 하나하나가 모여 울창한 숲을 만들어내는 것이다.

날아가는 새는 고개를 돌려 뒤를 보지 않는다. 오로지 앞으로 날아갈 뿐이다. 물위에 평화롭게 떠있는 오리의 발은 아주 분주하다. 물속에서 끊임없는 발길질로 노를 저어야 한다. 그만큼 보이지 않는 희생이 있다.

적자생존이나 약육강식의 법칙과 같은 생태계의 먹이사슬을 떠나서 스스로 살아남기 위한 본능적 자구책이기도 하다. 자연에게는 엄격한 질서가 있다. 보이지 않는 힘이 있다. 그 힘에 의하여 질서가 유지될 수 있다.

큰 나무 아래에는 작은 나무가 자라고 그 작은 나무 아래에는 더 작은 풀들이 태연하게 자라면서 꽃을 피운다. 그 속에서 벌레들이 꿈틀거리고 있다. 최근 버드내 고수부지는 풀깎기를 하여 보기 좋게 매초롬하였다.

그러나 며칠 지나지 않아 다시 풀이 새파랗게 돋아났다. 새로운 싹이 튼 것이 아니다. 계절적으로 시간이 촉박해 베어진 줄기에서 싹이 움튼 것이다. 상처 따위는 관심이 없는 듯 곧바로 대궁을 내밀고 꽃을 피웠다.

풀에도 결실기가 있다. 더 이상 시간을 끌다가는 종족보존에 차질이 생겨난다. 몇 달씩 자라던 풀에서 불과 십여 일만에 꽃을 피우면서 열매를 맺었다. 한 해를 마무리 짓는 과정들이 그저 신기하기만 할 따름이었다.

자연은 사람보다 먼저 이상 기온이나 계절의 변화를 자연스럽게 감지한다. 그 시기를 놓치지 않으려고 절절한 몸부림을 친다. 자연은 자정능력으로 자신을 지켜가면서 같은 무리 속에 어우러져 삶을 모색하는 것이다.

남쪽하늘이 아침노을로 불콰하다. 금세라도 해가 떠오를 성싶다. 혹시나 하는 엉뚱한 생각에 빠져들었다. 하지만 어떤 이변도 일어나지 않았다. 오늘도 변함없이 해는 동쪽에서 떠올랐다. 엄격한 질서가 자연을 지킨다.

2015. 09. 16.

2부

자연도 때로는 상처를 입는다

자연은 굳이 뽐내지도 감추지도 않는다

물이 깊다고 아무 데나 물고기가 깃들어 살지는 않는다. 물고기도 까다롭다. 지상의 짐승이나 사람이 아무 데나 거처하지 않음과 다르지 않다. 같은 도시라도 모여 사는 중심이 있듯 물고기도 모이는 곳이 있다.

넓은 공간이라도 물고기가 즐겨 다니는 물길이 있다. 하늘에 비행기길이 있고 바다에 뱃길이 있듯 물고기에게는 어도가 있다. 안전한 곳을 택한다. 물고기라고 왜 위험하거나 산만한 분위기를 감지하지 못하랴.

끼리끼리 모여서 다닌다. 같은 씨족끼리 집단생활을 한다. 얼핏 겉보기에는 그곳이 그곳 같을지라도 조류의 흐름이라든지 수초가 깃든 아늑함이라든지 먹잇감이라든지 위험성이라든지 뭐가 달라도 다를 것이다.

물은 흙에 빨려들고 오물로 엉망진창이 되어도 시간이 흐르면 언제 그랬었나 싶게 감정을 추스른 듯 본래 모습으로 깨끗해진다. 분수를 알아야 한다. 부족하면 안쓰럽고 넘치면 오지랖 넓어 지나치다고 한다.

이따금 물의 소리를 듣고 계절의 소리를 듣는다. 늘 같지 싶어도 다르다. 한여름 무성함에서 한겨울 적막감까지 다양한 삶이 계절과 함께 묻어난다. 그 곳에 수많은 생명들이 함께 하며 자연이 어우러지고 있다.

절실하지 않고 관심 없어 건성건성 지나친다. 당연하고 흔해서 잊었다가 어느 순간에 자연스럽게 인식하고 받아들이게 된다. 자세히 보고 열심히 들으려 하지 않았을 뿐, 자연은 굳이 뽐내지도 감추지도 않는다.

자연은 내게 많은 볼거리와 도움을 주지만 내가 자연에게 줄 것은 없지 싶다. 일방적으로 혜택을 받아도 고맙다는 생각조차 들지 않았다. 계절 따라 모습이 바뀌어도 그간 눈여겨보지 않았을 뿐인지도 모른다.

자연은 직접 말하거나 직접 나누어주지는 않는다. 조화롭고 아름다운 자연 앞에 혼자 일방적으로 속삭여 본다. 구미에 맞게 마음의 대화를 나누어 본다. 좋은 방향에서 긍정적인 위안을 받을 수도 있는 것이다.

눈은 눈대로 대화하고 귀는 귀대로 듣고 마음은 마음대로 나누며 코는 코대로 향기를 느낄 수 있다. 비록 짧은 시간이라도 오감이 자연 속에 함께 뒤섞여서 은연중 느끼기도 하고 생각하며 즐거움에 어우러진다.

자연이라고 모두 아름답다거나 편안하고 마음에 드는 것은 아니다. 보기에도 민망스럽도록 갈기갈기 찢겨 무심결에 고개를 돌리기도 한다. 때로는 심한 불쾌감을 느끼면서 못 본 척하고 화제에 올리지도 않는다.

생동감 넘치는 생명력에 꽃을 피워 환하고 열매를 주렁주렁 맺어 고상하고 신비한 모습만을 간직하고 있는 것은 아니다. 꼭 필요한 것만 지니고 있는 것도 아니다. 본의 아니게 쓰레기를 뒤집어쓰고 있기도 한다.

그러나 서로 소모적인 경쟁에 다투며 모함하지 않는다. 왜곡하지 않고 있는 그대로 드러내며 감추지 않는다. 굳이 감출 것도 없지만 애써 감추려고 않는다. 다만 보는 관점에서 세세하게 살펴보지 못했을 뿐이다.

세찬 바람에 휘둘리고 가뭄에 목 타고 추위에 얼어 죽을 수 있다. 비바람에 꺾이거나 뽑히기도 하고 병들어 썩으며 벌레 먹기도 한다. 나무나 풀은 계절에 따라 수없는 애환을 겪을 수도 있지만 내색하지 않는다.

고운 꽃 피는 봄날이나, 무성하게 우거지는 여름날이나, 단풍 드는 가을날이나, 텅 빈 가지에 핼쑥해진 겨울은 다른 모습이다. 그렇다고 누구에게 특별히 보여주거나 자랑을 삼는 것이 아닌 삶의 일상일 뿐이다.

한없이 자랑스럽도록 아름답고 넉넉하다가 고난의 계절을 맞는다. 그러나 쉽게 굴할 줄 모르고 잘 견디어 내며 성숙된 모습을 보인다. 한겨울에도 목숨줄 움켜잡고 봄을 준비하는 모습에서 경외감을 느끼게 한다.

2017. 08. 20.

자연은 다투지 않는다

자연 앞에서 마음은 단순해지나 보다. 그래서 더 순수하고 순진해 보이지 싶다. 아무리 많은 비가 내려 한 쪽이 허물어져도 며칠 지나면 다시 비가 기다려진다. 뼈를 깎는 밉상에 서운했던 마음도 슬그머니 사라진다.

바람이 너무 세차게 불어 통째로 뽑힌 나무도 있다. 풀들이 바닥에 벌러덩 누웠다가 슬금슬금 일어선다. 끔찍했는데 벌써 잊고 너무 후텁지근하다고 툴툴거린다. 어째서 시원한 바람 한 줌이 없느냐고 야속해 한다.

자연은 한 번 지나간 일은 속에 담아두고 네 탓 내 탓 다투지 않는다. 이미 지나간 시간이 중요한 것이 아니다. 지금 이 시간이 삶의 중심이다. 현실을 회피할 수 없기에 부딪치면서 하루하루가 마지막처럼 살아간다.

자연은 매사 알고도 모르는 척 외면하는가 보다. 관심보다는 냉랭하지 싫어 섭섭하다. 그래도 봄이면 설렘이 새싹으로 돋아나 꽃을 피우고 향기 뿌리며 분위기를 잡아가면서 치솟는 열정은 여름날 녹음으로 뒤덮는다.

바작바작 목이 타들어가는 가뭄과 무더위다. 힘겹던 어느 날 갑작스레 번갯불이 번쩍거리고 고래고래 천둥소리에 공포분위기로 급변한다. 세상을 뒤바꿀 것 같았던 태풍과 엄청난 폭우로 삽시간에 냇물이 범람한다.

가을이면 대부분 통통하게 여물은 결실을 거두고 곱게 단풍들어 미련 없이 잎을 지운다. 가득 차 넘칠 때 내려놓고 비울 줄을 알고 겨울이면 빈숲에 감도는 적막에 휴식을 취하며 다시 올 봄날을 위하여 재충전한다.

계절이 바뀌고 세월이 가고 있음을 안다. 자연의 소리는 감미롭게 들려오기도 하고 알아들을 수 없어 몽롱하기도 하다. 마음의 전달은 입으로만 하는 것이 아니다. 소나기처럼 요란하고 가랑비처럼 속삭이기도 한다.

대화는 눈짓으로 하고, 표정으로 하고, 몸짓으로 하고, 느낌이 있다. 알아듣고 알아보고 느끼며 소통하면 된다. 아는 만큼 보고 느끼고 의지에 따라 눈치껏 받아들인다. 무언의 대화에서 은근슬쩍 정보가 흘러나온다.

보고도 보들 못하고 듣고도 듣질 못하여 그냥 흘려버리는 자연 속 청맹과니도 있다. 진지한 얼굴로 받아들이지 못하고 반복되는 경고음도 건성건성 무감각한 안전 불감증이 된다. 지나친 오만은 뒤늦게 후회가 된다.

메마른 땅에서 깊숙이 뿌리를 내리고 바람모지에서 살짝 고개를 돌리듯 피해가면서도 당당하게 살아간다. 자연은 누구에게 미루거나 의지할 수 없어 어지간한 상처는 스스로 극복하며 일어서는 자정능력을 지녔다.

자연은 생색내며 떠벌리거나 자랑삼지 않는다. 이 이야기를 저쪽에 옮기고 저 이야기를 이쪽에 옮겨 온갖 소문의 진원지가 되는 분란을 일으키지 않는다. 솔깃하게 하여 오해의 소지로 다툼의 불씨를 만들지 않는다.

자연은 겉치장만 약간 다를 뿐 늘 같은 면면이다. 그러나 계절이 바뀌면서 사람마다 개성이 있고 시시각각 기분이 변할 수 있듯 보고 듣고 생각하는 각도나 정도에 따라 받아들이는 느낌은 때마다 달라질 수 있다.

강에는 단순히 물만 있는 것이 아니다. 수많은 생명이 숨을 쉬고 있어 그들을 보듬어 안고 가꾸면서 키우고 있다. 어디 그뿐인가 흘러가면서 유역의 초목은 물론 동물들이 목을 축이는 생명의 텃밭 역할을 하고 있다.

자연이라고 하여 그냥 얻을 수 있는 것은 아니다. 언제든지 상황이 돌변하면 애로를 넘어 생사에 직접적인 영향이 미침을 알아야 한다. 따라서 자연을 심하게 훼손시키지 말고 잘 보존하면서 이용하여야 함을 일깨운다.

자연은 어느 특정인이 독점할 수 있는 것이 아니다. 함께 누려야 할 공동자산이다. 오늘도 금강은 충청의 젖줄로 굽이굽이 다툼 없이 흐르고 있다. 자연의 소중함은 지금 세대에서 끝나지 않고 다음 세대로 이어져야 한다.

2016. 10. 14.

마음에 담고 가슴에 담는 자연

자연과 함께 하는데 시간에 제한을 받거나 특별히 준비하고 갖추어야 할 것이 있는 것은 아니다. 편리한 시간에 짬을 내어 편안한 마음으로 어디든 찾아 즐기면 된다. 시간의 길고 짧음은 의미가 없고 마음에 있다.

하소연하듯 넋두리를 늘어놓거나 아무 말 없이 조용히 다녀도 상관없다. 자연은 그런 것을 일일이 간섭하지 않는다. 서로 눈을 맞추며 마음으로 주고 받아들이며 지친 영혼을 위안 받을 수 있으면 더 좋을 것이다.

자연은 자주 찾아가도 뭐라고 하지 않는다. 혼자 가도 좋고 여럿이 함께 모여 가도 좋다. 보다 오래도록 머물며 많은 것을 마음에 담아도 괜찮다. 남의 일에는 관심 없다. 다른 사람의 몫이 줄어드는 것도 아니다.

비록 자연이라는 그 자체를 직접 가져올 수는 없어도 자신에게는 하루치가 되어도 좋고 열흘치가 되어도 좋다. 무게도 부피도 크기도 색깔도 냄새도 형체가 따로 없다. 필요한 만큼 마음에 담고 가슴에 담으면 된다.

가을이다. 봄이면 봄에 걸맞듯이 가을이란 계절에 어울리는 모습을 하고 있을 것이다. 그 속에서 계절을 만끽할 수 있다. 착잡하니 무거운 마음으로 가도 산뜻하면서 가뿐한 마음으로 돌아오면 그만큼 보람될 것이다.

자연은 그 누구에게도 이래라 저래라 지시하거나, 이것은 하면 안 되고 저것은 하지 말라고 끼어들지 않는다. 자리만 제공하였을 뿐으로 직접 다니며 관심을 가지고 보고 듣고 느끼면서 판단하여야 할 자신의 몫이다.

평소에는 실내에서 편안히 티브이를 보고 흘러나오는 가수의 노래를 들으면서 흥얼거린다. 이따금 밖에서 햇볕을 쬐고 달빛을 받으며 하늘을 보고, 별을 보고 강을 보고 새 울음소리 바람소리 은밀한 소리를 듣는다.

자연의 소리는 색깔이나 편견이 없고 선입감이 없는 있는 그대로의 소리로 신선함이 묻어난다. 생기가 넘쳐흐르는 소리로 세상만물이 함께 숨 쉬는 일상의 소리다. 때로는 귀를 나긋나긋 간지럽게 하는 속삭임이다.

자연의 소리는 부끄러움이나 오만스러운 자랑이 배어있지 않은 순수가 담긴 웃음이고 울음이고 몸짓이다. 시도 때도 없이 불어오는 바람도 그 중에 하나다. 제자리에서 제 몫을 다하면서 어우러지는 자연의 질서다.

이심전심 무언의 대화가 되고, 한 폭의 그림으로 비쳐지고, 불후의 명곡으로 들려오기도 한다. 때로는 바람결에 지나쳐버려 본 것도 들은 것도 느낀 것도 없을 수가 있다. 하지만 섭섭해 하거나 두려워할 일은 아니다.

언제든 다시 가서 새로운 것을 챙기면 된다. 삐쳐서 토라지지 않는다. 아직은 늦지 않았다. 늦었다고 생각할 때가 가장 빠른 때라고 하였다. 그만큼 실행에 옮기기가 그리 쉽지 않다는 말로 들린다. 마음먹기 달렸다.

잠시라도 내가 자연처럼 되고 자연이 나처럼 물아일체가 되면 더없이 좋지 싶다. 책을 많이 읽으라고 한다. 책에는 많은 지혜가 들어있다. 자연이 책 몇 권만 못하랴. 자연 속에는 헤아릴 수 없는 지혜가 들어있다.

다만 자연은 속내를 쉽게 드러내지 않는 속성이 있다. 숨바꼭질하듯 필요한 것을 하나하나 능력껏 찾아 챙겨야 한다. 인간도 큰 틀에서 자연의 한 개체이고 보면 헛된 망상이 아니라는 것을 엿볼 수도 있을 것이다.

오곡백과가 여물고 먹을거리가 풍성해지는 가을이다. 단풍이 곱게 물들어 도로마다 법석을 떤다. 가다 멎고 오다 멎고 차에 갇혀 짜증을 낸다. 그래도 창밖에는 앞 다투어 손짓하는 자연이 있어 마음을 부풀게 한다.

강에도 가을다운 아름다운 모습이 펼쳐진다. 강도 자연의 일부다. 비단 물결이 윤슬로 반짝거리는 금강의 물소리가 들려오지 싶다. 충청의 젖줄로 천리를 유유히 흘러가는 금강에서 가을을 접하는 것도 의미가 있다.

2016. 10. 15.

자연도 때로는 상처를 입는다

강물은 자연의 정서를 연신 실어 나르며 은연중 생태계의 변화에 앞장서고 있다. 금강은 끊임없이 흐르면서 숨을 쉬듯 출렁거리고 여울에서 장난꾸러기처럼 소리를 내지르며 거품을 머금고 빠른 걸음으로 내닫는다.

사람들은 힘들 때 자연을 찾아 위안을 받으며 힐링을 한다. 심지어는 삶을 포기하다시피 한 상황에서 혈혈단신 깊은 산속에 들어가 자연인이 되고자 한다. 더는 물러설 수 없는 고통을 이겨내며 새 삶을 살아간다.

자연이 파괴되고 허물어져서 죽어갈 때 손길이 닿는 데까지 지켜주며 되살아나도록 도와줘야 한다. 백두대간에서 더 이상은 악화되지 않도록 휴식년제를 적용하여 출입을 통제하는 것도 같은 맥락이라고 할 것이다.

강도 마찬가지다. 천재든 인재든 서둘러 원상회복시켜야 한다. 자연이라고 일방적 희생을 할 수는 없다. 금강유역의 생태계가 되살아나고 보존되어야 인근에 살아가면서 보다 질 좋은 자연의 혜택을 누릴 수 있다.

가뭄이나 홍수 같은 큰 재해를 겪고 나면 제 정신이 아니다. 하지만 목숨이 붙어있는 한 살아가려면 머뭇거릴 수 없다. 찬밥 더운밥 가릴 처지가 못 된다. 다가온 고난의 길을 극복하려면 그만한 대가를 치러야 한다.

삶에 대한 애착은 자연의 세계라고 크게 다를 바가 없지 싶다. 쉽게 포기하지 않아야 한다. 삶은 존엄하고도 성스런 것이다. 그 누구도 임의로 방해하거나 위협하며 짓밟으면 안 된다. 생명은 서로 존중해야 한다.

일부가 무너져 절벽이 되고 숭숭 구멍이 뚫려 흉물스런 바위도 있다. 세월의 등쌀에 깨어지고 일그러져도 속수무책이었다. 자연현상이려니 할 뿐이다. 뿌리치면서 멀리 달아나고 싶어도 붙박이처럼 옴짝달싹 못했다.

곳곳이 상처투성이로 대충 아물고 문신이 생기도록 중증을 앓고 변질되었다. 훗날 그런 모습이 오히려 훈장처럼 빼어난 풍경이라고 감탄을 자아내게 한다. 세월의 흐름은 아픔조차 미화되고 고상하게 비쳐지나 보다.

자연도 때로는 상처를 입는다. 그 아픔이 다듬어져 아름답게 보이기까지는 오랜 세월을 필요로 한다. 훗날 사람들이 눈길을 보내며 난해한 조각품을 보듯이 갸웃갸웃 표정을 짓게 한다. 그나마 다행스러운 일이다.

목숨은 한 번뿐이고 삶은 연습 없는 실전이다. 자칫 그냥 도태될 수도 있다. 살아남기 위한 비상수단으로 영역을 침범하며 악착같은 다툼이 벌어진다. 끝내는 약자가 밀려날 수밖에 없는 냉정하고 처절한 현장이다.

금강에 살으리랏다. 천리 비단강 따라 충청에 뿌리 두고 대전에 살으리랏다. 금산에서 발원한 작은 샘물이 버드내(유등천)가 되어 대전의 한복판을 가로지른다. 물길을 따라나서면 곧 신탄진에서 금강에 투항한다.

비로소 당당한 금강으로 세종을 흘러가고 공주 부여 논산을 지나 장항에 다다라 하구둑을 넘어야 한다. 이제 금강이라는 이름표마저 내려놓으면 서해바다 짠물이 된다. 그렇게 그리워하던 소금기를 듬뿍 머금는다.

밤낮이 따로 없이 힘차게 달려온 천리 충청의 젖줄 금강이라는 역할은 끝난다. 힘겨웠는가 하면 보람되고 뿌듯한 길이었다. 출렁출렁 바다끼리 뒤섞이면서 태평양으로 나아갈 길이 트인다. 세계의 문이 열린다.

물은 한없이 유연하지 싶었는데 홍수로 부릅뜨면 모든 것을 삽시간에 휩쓸고 갈 만큼 난폭하여 공포에 떨게 했다. 펑펑 마구 써대도 괜찮을 만큼 흔한 줄 알았는데 한 번 가뭄이 들면 바작바작 목이 타올랐다.

자연도 때로는 상처를 입는다. 자연의 한 축인 강의 역할 또한 간단치 않다. 흔한 것이 물로 대수롭지 않게 여겼지만 생명체가 살아가는데 얼마나 절실한 것인지 일깨워주면서 금강이 마냥 든든하고 자랑스러웠다.

2016. 10. 21.

자연의 소리 자연의 표정

세상의 모든 것들은 세월이 가고 계절이 바뀌고 있음을 안다. 어찌 사람뿐이랴. 목숨이 붙어있는 것들은 모두 알고 있을 것이다. 하나 같이 계절에 민감한 반응을 내보이면서 그에 걸맞게 대응을 하면서 살아간다.

자연은 자연의 소리가 있다. 금강도 금강의 소리가 있다. 감미롭게 들려오기도 하고 두려움처럼 들리기도 한다. 실제 그들의 소리보다는 받아들이는 입장에서 그렇게 들려오고 그러리란 느낌이 앞설지도 모른다.

자연은 여러 형태로 소통한다. 소곤거리는 빗소리, 속삭이듯 내리는 눈, 눈부신 번갯불, 고래고래 천둥소리, 목이 타드는 가뭄과 무더위, 순식간에 뒤바꿀 것 같은 사나운 태풍과 엄청나게 쏟아지는 폭우도 있다.

온 세상을 하얗게 뒤덮고 꽁꽁 얼어붙는 겨울은 어떤가. 무관심한 듯 싶지만 은연중 표정이 있고 소리가 있다. 괴성을 내지르고, 주먹질에 윽박지르듯 상처까지 드러난다. 자연의 소리 자연의 표정은 아주 다양하다.

대개는 아주 미미하거나 흔한 일로 대수롭지 않게 여겨 간과하지만 때로는 상황 따라 보다 심각하게 받아들이기도 한다. 어쨌거나 상대방이 알아보거나 눈치 채고 느끼면, 나름대로 의사전달로 소통이 된 셈이다.

아는 만큼 보고 듣고 느끼고 의지에 따라 받아들인다. 자연은 무언의 대화로 은근슬쩍 정보를 흘린다. 그러나 보고도 보들 못하고 듣고도 듣질 못하고 느끼고도 그냥 흘려버리는 청맹과니로 뒤늦게 후회를 하게 된다.

가뭄에 콩 나듯 일부만이 진지한 얼굴을 한다. 거듭된 경고에도 무감각한 불감증환자처럼 건성건성 넘기다가 돌이키기 힘든 역경에 빠지기도 한다. 자연에서 살아가며 자연을 얕잡아보는 행위가 없도록 하여야 한다.

강은 자연의 일부이다. 사람도 자연의 한 개체이면서 아주 유별나다. 자연을 지배하면서 마음대로 주무르려고 한다. 자연은 참고 참다가 너무 지나치다 싶으면 한꺼번에 화를 버럭 내지르는데 인재였다고 탓을 한다.

먼저 생각하면서 행동하고 이웃을 배려하며 나눌 줄도 알아야 한다. 권력과 돈에 아무리 안간힘 발버둥을 쳐도 거스를 수 없는 세월 앞에 유한한 목숨이다. 그런데 끝없는 시기질투로 다투고 사리사욕에 혈안이다.

낯선 마을이다. 잎은 서둘러 떨어지고 감이 꽃보다 빨갛다. 일손 부족에 노인의 힘으로 미처 수확을 못했지 싶다. 빈집 개만 온 동네가 시끄럽게 짖어댄다. 마치 감을 탐내다 개에게 들킨 듯 민망하고 머쓱해진다.

구름이 잔뜩 낀 날씨에 사람들은 춥다고 잔뜩 웅크려도 강물은 아무렇지 않다. 오히려 늠름하다. 하기야 저런 기개조차 없으면 어찌 충청의 젖줄 금강이라 할까. 기죽지 말고 그렇게 흐르다 보면 바다에 다다른다.

갈대가 우뚝 서있다. 세찬 바람에도 넘어지지 않으려고 꼿꼿하게 힘을 주다가 대궁이 누렇게 물들었지 싶다. 존재감을 드러내려고 너무 유난떨지 말고 어울려 오손도손 지내면 좋은데 너무 티를 내는 것은 아닌지.

갈대는 꺾일망정 살아남기 위해 지조 없이 조아리거나 타협하지 않는 올곧음을 지니고 있다. 때로는 외롭고 쓸쓸해 보여도 그 강직한 의지가 거뜬하게 일어설 수 있는 힘의 원동력이 되어 꼿꼿이 살아갈 수 있다.

지금은 흐린 하늘이지만 저 구름 속에 파란 하늘이 있고 맑은 햇살도 쏟아질 것이다. 지금은 다소 흐린 냇물이지만 가면서 맑은 물로 흐를 것이다. 지금은 휘청대도 저 대궁 속에는 꺾이지 않는 의지가 담겨있다.

물고기가 물에 빠져 죽는다고 한다. 평생을 물속에서 살아온 물고기라도 산소 부족으로 숨을 쉬지 못하면 죽을 수밖에 없다. 그것이 세상사이고 삶이다. 그만큼 어디나 위험은 도사리고 있어 주의를 기울여야 한다.

2016. 11. 09.

자연의 눈치 보기

가뭄이 심각하다. 일부 저수지가 저수율 0%로 바닥이 드러나고 거대한 보령댐도 10% 미만으로 뚝 떨어져 충남 서북부지역인 보령시를 비롯하여 서산시, 당진시, 서천군, 청양군, 홍성군, 예산군, 태안군 지역에 생활용수, 공업용수, 농업용수 공급에 차질이 생기고 태안화력발전소 가동에 필요한 용수공급까지 끊기면서 막대한 피해를 입었다.

제일 먼저 농촌이 다급해졌다. 모내기철을 맞아 미처 심지 못하는가 하면, 심은 곳도 논바닥이 쩍쩍 갈라지면서 타죽는다. 간척지는 염분이 높아지면서 모가 시름시름 맥없이 주저앉았다. 대지가 타고 농심이 벌겋게 타들어 갔다. 가뭄이라는 물 부족의 직격탄을 받은 정도가 그곳이 더 심할 뿐, 다른 지역도 여간 혼쭐나고 있는 것이 아니다.

풍년이 들어도 살림이 팍팍한 농촌 실정인데 말이 아니다. 더구나 대부분이 노년층으로 힘겹게 농사를 짓고 있는데 앞이 캄캄할 수밖에 없다. 비단 논농사뿐만이 아니다. 밭은 밭대로 과수는 과수대로 물 부족에 시달림을 혹독하게 겪고 있는 것이다. 금강과 연계한 관계수로를 개설하여 물을 보령댐에 공급을 하지만 일시방편에 지나지 않는다.

먹을 물마저 부족하여 살림살이는 더 말이 아니다. 설거지에 세탁 목욕까지 불편한 것이 한두 가지가 아니다. 물의 필요성을 처음부터 체험하며 가르치고 일깨우는 것 같다. 그 흔한 물, 당연하게 여겼던 물이 이렇게 발목을 잡는 것이 아니라 생활을 송두리째 흔들어 놓고 있다. 더 나아가 생명줄을 위협하고 있다. 물에 뒤통수를 맞고 있다.

그토록 힘겹도록 하루하루를 견디어내고 있는데, 이번에는 갑작스러운 거대한 물폭탄이다. 비가 온다는 반가움이 채 가시지도 않았는데 삽시간에 흉악한 집단의 폭거로 돌변한 곳이 있다. 여기저기서 재산피해는 물론 인명피해까지 생겨났다. 지역은 다르지만 가뭄난리가 물난리로 뒤바뀌어 골머리를 앓고 있다. 그야말로 "어쩌란 말이냐?"다.

이렇게 좁은 땅덩이에서 일부는 여전히 가뭄에 시달리는가 하면, 일부는 물난리로 시달리고 있다. 이제는 가뭄과 물난리라는 단순히 어느 쪽의 피해가 더 크고 작으며 심각한지가 아니다. 지난 가을부터 금년 봄으로 이어지는 가뭄이 아주 지겹도록 길고 길게 느껴지는 기간이었다면 물을 쏟아 붓는 폭우의 물난리는 아주 짧고 짧은 삽시간이었다.

이처럼 가뭄도 물난리도 한계를 느끼게 한다. 살아가면서 감당하기 어려워 아직도 하늘만 쳐다보며 처분을 기다리는 연약한 모양새를 드러내고 있어 한편으로는 야속하기도 하다. 혹독한 가뭄으로 힘겹게 하다가 뒤늦게 기습적으로 쏟아진 폭우로 온 동네방네 들판이 물바다가 되도록 속수무책 통제할 수가 없어 몸서리치며 2중고를 겪고 있다.

그런데 정도의 차이는 있지만 매년 연례행사처럼 이런 수난이 반복되고 있음에 더 마음이 아프고 뼈저리게 하는 것이다. 마치 금년에는 이런 일이 없이 그냥 조용히 지나가기를 마음속에 주문만 외고 있는 것 같다. 아무리 물이 넘쳐도 저장하였다 이용하기에는 그 그릇이 작고, 일시에 쏟아지는 빗물을 수용하기에는 아직도 능력이 부족하다.

갈수록 피해는 늘어날 수 있다. 충청에는 충청의 젖줄인 금강이 있다. 금강을 잘 관리하고 이용하여야 한다. 필요한 곳에는 필요한 시설을 갖추어야 한다. 걸림돌이 되는 것은 과감히 제거하여야 한다. 어느 특정인 몇몇을 위해서가 아니라 우리 모두를 위해서다. 그러면서 가뭄도 폭우도 함께 해결할 수 있는, 두 마리 토끼를 잡아야 한다.

물은 있되 쓸 수 있는 물이 없다. 세계적인 추세는 우리나라도 이미 물 부족국가에 들어있다. 그렇지만 삼면이 바다라고 바닷물을 끌어올 수는 없다. 바닷물로 변하기 전에 해결하여야 한다. 우선 오염시키지 말아야 한다. 물마저 마음대로 먹을 수 없어 구입하거나 정수기를 놓고 일일이 걸러서 먹어야 할 단계까지 왔다. 그만큼 불신도 크다.

결국 치산치수에 허점이 드러나고 있는 것이다. 옛날에도 치산치수를 잘하여야 태평성대가 온다고 한 적이 있다. 치산치수의 결과는 온 국민이 수시로 직접 겪어야 할 민감한 사항이기도 하다. 생활의 근본이 흔들릴 수도 있다. 평소에 물은 있는 듯 없는 듯 묵묵히 흘러간다. 그리고 조용히 비는 내리고 멎는다. 그것이 자연현상이기도 하다.

그런데 이따금 터져 나오는 불만은 개인적인 이기심이나 자연을 무시한 난개발로 재난을 자초한 결과라는 것이다. 자연의 섭리를 너무 얕잡아보며 기존 질서를 아무렇지 않게 허물거나 막무가내로 망가뜨려놓았다는 것이다. 자연은 평소에 침묵하고 있지 싶어도 언젠가는 똑바로 보란 듯이 옳지 않았음을 혹독한 시련으로 보여주는 것만 같다.

물은 하루에도 수없이 마시고 이용하며 생활과 밀접한 관계가 있음에도 물에 대하여 너무나 당연하고 불편함을 느끼지 못하였다. 그러다가 가뭄이 닥치면서 비로소 물의 소중함을 느끼게 되고 물난리를 겪으며 혹독한 시련을 맛보게 된다. 물은 생명체가 살아가는데 으뜸 기본요소 중 하나임에도 너무 소홀하였음을 깨닫게 되고 다시 잊는다.

인간이 거대한 자연 앞에 그 얼마나 미약한 존재인지 여실히 드러내는 과정이기도 하다. 물은 부족해도 안 되고 그렇다고 넘쳐도 안 되므로 적당함을 유지하여야 하는데 세상 살아가며 그럴 수 없으니 끝내는 이런 끔찍스런 사단이 벌어지고 있는 것이다. 자연 앞에 군림하는 것이 아니라 빌려 쓰고 있다는 마음가짐이 필요한 대목이기도 하다.

수만 수천 년을 이어오며 다듬어질 대로 다듬어지고 형성될 대로 형성된 자연이다. 그것을 하루아침에 아무렇지 않게 허물 수는 없는 일이다. 아무래도 인간이 자연의 눈치를 볼망정 자연이 인간의 눈치를 볼 수는 없는 것이다. 자연 속에서 인간이 살아가는 것이지 아무리 헤아려보아도 인간 속에서 자연이 존재하는 것은 아니라 할 것이다.

어쨌거나 물은 물대로, 다시 말해 금강은 금강대로가 아닌 동반자로 한 부분에 자리매김하고 있음을 잊어서는 안 된다. 금강은 예로부터 이렇다 저렇다 변명도 자랑도 없이 묵묵히 흘러왔고 또 앞으로도 그럴 것이다. 굽이굽이 천리 길을 따라 요소요소에서 살아가면서 금강의 물을 끌어다가 이용하면서 살아가는 우리가 관심을 기울여야 한다.

이처럼 자연을 누리는 만큼 그 가치를 인정하고 감사하여야 한다. 물은 삶에 필요불가결한 요소 중에 하나이므로 한 번으로 끝나는 것이 아니라 계속 사용하고 이용할 수밖에 없다. 따라서 모두가 한마음으로 가꾸면서 보호하는데 머뭇거림이 없어야 할 것이다. 자연도 너와 내가 따로 있는 것이 아니라 가꾸며 함께 할 때 가치가 드러나게 된다.

평소에는 아무렇지 않고 누구도 좀처럼 이의를 제기하지 않는다. 다만 개발과 보존이라는 넘기 힘든 두 고산준령 사이에 낀 계곡처럼 이해관계에 뒤엉켜 쉽지 않은 선택이다. 슬기롭게 풀어나가며 조화를 이룰 일이다. 그러나 그럴 듯 말만 앞설 뿐 현실은 무차별할 만큼 냉정하여 엉뚱한 일로 돌이키기 힘든 비참한 수렁에 빠져들기 일쑤이다.

2017. 07. 30.

자연은 기다릴 줄 안다

시커먼 개미들이 쉴 틈도 없이 분주하다. 물가에 백로가 우두커니 서 있다. 하나의 정물처럼 보이다가 날개를 치며 긴 부리를 물속에 처박는가 싶더니 잽싸게 먹이를 낚아챘다. 지루한 기다림의 반전을 보는 것 같다.

비둘기는 고수부지에서 풀포기 사이를 쪼면서 구구구 거린다. 거미는 풀숲 음산한 곳에 보일락 말락 끈끈한 그물을 쳐놓고 느긋하다. 언젠가 먹이가 걸려들 것을 확신한다. 강태공은 낚싯줄에 눈길을 걸고 기다린다.

아무리 평화롭고 조용해 보여도 먹지 않고 살아갈 수는 없다. 암암리에 먹잇감에 끊임없이 다툼이 벌어지고 있다. 먹느냐 먹히느냐 생존경쟁이다. 깜빡 한눈팔다가는 돌이킬 수 없는 함정이다. 쫓고 쫓기며 공생한다.

아무 것도 없지 싶은데 소리가 들려온다. 관심이 없으면 그냥 지나칠 소리로 귓가에 자연스럽게 감긴다. 물소리를 듣고 새소리를 듣고 바람소리를 듣는다. 팔랑팔랑 나뭇잎 흔드는 소리에 풀잎의 숨결까지도 느껴본다.

매미소리가 들려오고 소가 되새김질하는 모습도 본다. 하얀 앞치마를 두른 새댁 같은 까치도 있다. 멀리 또는 가까이서 뻐꾸기 울음소리가 애절할 때도 있다. 맑은 햇살이 쏟아지며 손가락 사이로 바람이 빠져나가고 있다.

입김에도 하늘거리지 싶은 버드나무 가지가 축 늘어졌다. 하얀 감자 자주 감자 꽃이 수줍어한다. 알록달록한 뱀이 스르르 지나가며 아찔하고 섬뜩하다. 어느새 대추알과 밤송이가 굵어지고 호두알이 여물어가고 있다.

더위에 양파자루 같은 망이나 까만 비닐봉지를 뒤집어쓴 수수모가지가 태연하다. 극성스럽게 덤벼드는 새들로부터 보호하려는 진지하면서도 치열한 삶의 현장인데 어딘가 허술한 것이 애교스러워 정겨움이 묻어난다.

물고기가 날렵하게 물살을 가르며 오르내리고 거뭇거뭇 돌에 달라붙은 다슬기도 보인다. 팔짝거리는 개구리도 있다. 방아깨비, 땅강아지도 있다. 꼬리를 살랑살랑 흔들어대는 강아지풀이 강아지인 양 눈속임을 한다.

자연은 한여름에 겨울준비를 하고 있다. 곧 찬바람이 불고 가을이 올

것을 알고 있다. 열매가 굵어져 튼실한 씨앗을 만든다. 무성한 이파리도 가을에는 떠나보내야 함을 알고 속울음 머금고 고운 단풍을 빚고 있을 것이다.

산을 오를 때 보지 못한 꽃을 내려올 때 본다고 하듯, 갈 때 보지 못한 꽃을 올 때 볼 수도 있다. 지난번 없었던 새로운 모습으로 치장을 하였는가 하면 같은 듯 다르고 다른 듯 같은 모습에 흥미를 돋우기도 한다.

볼 적마다 좀은 낯이 설고 낯이 익다. 자연 속에서 자연을 즐기는 재미이기도 하다. 반복되는 계절에도 자연은 싫증나지 않는다. 제멋대로 같아도 어딘가 질서가 있고 꾸미지 않은 그대로가 오히려 살갑게 다가선다.

자연은 한 번 보아서는 모른다. 계절마다 다른 모습을 하고 있다. 보는 관점에 따라 달라 보이기도 한다. 취향에 따라 보고자 하는 것만 보일 수 있다. 자연은 멈추지 않고 동적이면서 세월의 흐름을 기다릴 줄 안다.

아는 만큼 볼 수 있다고 한다. 몰라도 너무 모르면 금강을 끼고 수십 년을 살아도 깊이 와 닿지 않는다. 관심이 없어 건성건성 보고 지나친 결과일 수 있다. 비록 한순간이라도 진지하게 접근할 필요가 있는 것이다.

어쩌다 강물만 삐죽이 보고 알맹이 없는 겉모습만 스치다 오면 무슨 의미가 있겠는가. 그곳에 뒤얽힌 실타래 같은 이야기가 풀어져 제대로 보고 느끼며 판단할 수 있도록 적절한 안내나 해설 같은 도움을 필요로 한다.

거기 금강이 있어 그냥 흐르는 것이 아니다. 우여곡절을 담고 있다.

이기적인 현실을 생생하게 보고 눈살을 찌푸리게 하며 뒤늦게 부끄러움을 자연스럽게 끄집어내면서 자연을 새롭게 인식하는 계기가 되기도 한다.

2017. 08. 05.

자연의 길 인간의 길

잔디밭을 토끼풀이 잠식하더니 잔디가 사라졌다. 토끼풀밭에 잡초가 드나들더니 토끼풀이 사라졌다. 잡초무더기에 외국 풀씨가 날아와서 가꾼 것보다 더 그럴 듯한 꽃밭이 생겼다. 밀리고 득세하며 터주가 바뀐다.

칡넝쿨보다 더 능숙한 솜씨로 가시박이 나무를 타고 올라가 보쌈을 하며 햇볕을 차단하여 질식시키고 군림을 한다. 환삼덩굴이나 담쟁이가 호박넝쿨을 비웃듯 담장을 악착같이 타고 올라가 주변을 점령해버린다.

대나무나 산죽은 뿌리가 밀집하여 다른 것이 끼어들 틈새가 없어 저희끼리 희희낙락 집단을 이룬다. 갈대밭에 억새가 나타나면 갈대가 꼬리

내리고 슬금슬금 사라진다. 식물의 세계도 노골적인 위협을 받고 있다.

보호를 받는 곡식이나 채소보다 몰래 숨어들은 잡초가 어느 날 더 무성하게 자라고 있는 것을 본다. 뽑고 뽑아도 교묘하게 눈속임을 하고 버젓이 살아가고 있는 것을 보면 그저 신기하고 놀랄 만큼 생활력이 강하다.

뻐꾸기는 개개비가 집을 짓기를 기다렸다가 둥지에 먼저 알을 낳고 시침을 뗀다. 먼저 부화된 뻐꾸기새끼는 늦게 부화되는 개개비 알이나 새끼를 온갖 날갯짓 발길질로 밀쳐 밖으로 떨어뜨리고 둥지를 독차지한다.

멍청한 개개비는 눈치를 채지 못하고 제 새끼를 죽인 뻐꾸기새끼를 금이야 옥이야 보살핀다. 이번 새끼는 몸집도 크고 늠름하니 잘생겼다고 마음속으로 자부심이 생겼는지 더 열심히 먹이를 물어다가 양육을 한다.

뻐꾸기는 제 새끼가 잘 자라는지 걱정이고 혈통을 망각할까 노심초사 밤낮없이 둥지주위를 맴돌며 뻐꾹뻐꾹 피를 토하듯 일깨운다. 끝내 뻐꾸기는 양부모인 개개비의 곁을 떠나 뻐꾸기 본연의 모습으로 돌아간다.

원수로 시침을 떼고 양육을 받은 모질은 뻐꾸기다. 일방적으로 당한 개개비의 처절함이다. 하지만 자연은 일일이 시시비비 하거나 심판을 하지 않는다. 냉정할 만큼 무관심하다. 오로지 적자생존이고 약육강식이다.

먹고 먹히는 어떤 술수를 쓰든 우선 살아남아야 한다. 비굴함도 애절함도 없다. 대를 이어야 가문의 혈통을 유지할 수 있다. 자연의 자연스러운 삶의 법칙이다. 그래도 어느 하나 따지거나 이의를 제기하는 자 없다.

세상은 힘만 믿고 살아가는 것이 아니다. 재주도 하나의 능력이다. 그래도 자연의 세계는 질서가 잡혀 겉보기에 한없이 평화롭기만 하다. 하기야 사람이 자연을 짓밟는다고 자연이 한마디 직접 불평을 늘어놓던가.

다만 천재니 인재니 왈가왈부한다. 죄를 범한 당사자에 대한 심판이 아니라 그 인근에서 함께하는 모두에 대한 포괄적 심판이다. 가해자보다 일반인이 더 큰 피해를 입는 경우가 생겨 억울하고 분통터지는 것이다.

어쨌든 사람은 자연의 세계에 살면서 자연을 지배한다. 그래서 만류의 영장이 된 것이다. 자연을 살아가는 과정의 도구로 이용하면서 자연 고유의 법칙을 따르기보다 인간이 스스로 만든 인간의 법을 지키고 있다.

인간은 무엇은 괜찮다는 권장사항에 무엇은 절대 안 된다는 금기사항도 있다. 은근슬쩍 넘어가려하지 말고 귀를 기울여야 한다. 질서가 있고 도덕이 있고 믿음과 화합에 상생할 수 있는 인간의 길을 가야 한다.

강가로 나선다. 한여름은 풀이 한창 무성하다. 고수부지 풀밭을 깔끔하게 깎았다. 그런데 며칠 지나지 않아 금세 새싹이 돋는가 싶더니 대궁이 치받고 올라 천연덕스럽게 꽃을 피웠다. 엄청나게 다급한 모양새다.

정상적으로 꽃필 시기를 놓칠까봐 서두른 것이다. 이처럼 풀 한 포기도 계절의 흐름을 알아채고 제가 꽃필 시기를 놓치지 않으려 한다. 이것이 자연의 순리이고 자연의 일원으로 살아남을 수 있는 길이기도 하다.

2017. 08. 07.

삶에 멈춤이란 없다

한겨울 매서운 추위 속에서도 뿌리는 그냥 두 손 놓고 있는 것이 아니라 암암리에 새싹을 밀어 올리며 생명의 불씨를 토닥거리고 있다. 눈밭에 뿌리를 캐어보면 새싹이 움터 올라오며 기회를 엿보고 있음을 알 수 있다.

새싹이 봄날 갑자기 올라오고 꽃망울이 터지는 것이 아니다. 목련은 여름부터 꽃자리를 마련하여 전구처럼 매달고 한겨울 추위를 이겨내야 봄날 꽃을 피운다. 식물은 흙속에서 끊임없이 치열하게 살아남으려 투쟁한다.

냉이는 눈밭에서 뿌리가 통통하게 굵어져 겨울이 가기도 전에 나물로 밥상에 올라 봄 향기를 풀어놓는다. 이처럼 얼음 밑 차가운 밑바닥에서 한 치 차질 없이 준비하고 있다. 멎은 듯 멎지 않고 숨을 쉬고 있는 것이다.

강은 상수원이면서 하수구의 역할을 함께 하며 자정능력이 있어 쉽게 흐트러지지 않는다. 어둠속에서, 한여름 땡볕에서, 한겨울 얼음 밑에서도 마다않고 끊임없이 제 갈 길을 본분으로 여겨 게으름 없이 흘러가고 있다.

강은 잡스러움에 귀 기울이거나 부화뇌동하지 않고 듣고도 못 들은 척 표정을 바꾸지 않는다. 어쩌다가 폭풍우 심한 날 참았던 울분을 한꺼번에 토하듯 성난 물결을 이루며 황톳빛 상기된 모습의 속내를 내보일 뿐이다.

하지만 그도 잠시 지나면 잠잠해지며 곧 평정을 되찾는다. 그 속에 품고 있는 수많은 생명을 섣불리 모른 척 외면을 할 수 있으랴. 다소 흐르는 물의 양에 변화는 있을망정 밤낮을 가리지 않고 계절에 연연하지 않는다.

강물은 앞에서 당기고 뒤에서 밀면서 무리를 지어 간다. 결코 개인행동을 하듯이 흩어질 수는 없다. 모이고 모여서 더불어 유유히 흘러간다. 그 강을 따라 충청의 젖줄이 되고 민심을 모으며 금강으로 천리를 흐르고 있다.

이 시간도 생태계의 텃밭을 이루면서 굽이치고 있다. 이 자락 저 자락 지류가 모여서 금강이란 이름표를 달았다. 충청을 상징하는 계룡산과 더불어 수태극 산태극을 형성하고 춘하추동 쉼 없이 서해바다로 내닫고 있다.

한 몸 한 마음으로 흘러가고 있다. 하루 한 날로 끝날 일이 아니기에

서두를 것도 초조하거나 망설일 것도 없다. 시계바늘 돌아가듯 끊임없이 흘러가면서 비단강이란 고운 이름의 금강으로서 아름다운 모습을 간직하고 있다.

자연은 그 누구의 일방적인 강요로 움직이지 않는다. 중간에 끼어들거나 약삭빠른 눈치 보기가 아니다. 잡아둘 수 없는 시간과 늘 함께하는 순리이다. 자연스럽게 질서가 유지되면서 불평 없이 받아들이고 순응을 한다.

처마에서 떨어지는 낙숫물소리가 무심코 들리다가 어느 순간에 한가락 장단처럼 흥겹게 들리기도 하고 한없이 처량하게 들리기도 한다. 물론 듣는 사람의 주관적인 감정이 끼어들면서 분위기에 따라 달라질 수 있다.

그러나 같은 낙숫물인데 달라도 너무 다르게 들리고 받아들이게 된다. 객관보다 주관이 개입되면 자기위주로 유리하게 생각하고 그런 것처럼 쉽게 결론을 내린다. 오로지 자신만 있을 뿐 이웃은 염두에 두지 않는다.

여기저기에서 삽시간에 모여들어 흙탕물로 뒤섞이며 소용돌이친다. 어느 하나 지녔던 신분이나 모양새를 따져 꾀까다롭게 시시비비 제동을 걸거나 거부함이 없이 순순하게 받아들인다. 거리낌 없이 하나로 뒤섞인다.

겉보기에 다소 뒤숭숭한 듯싶지만 시간과 함께 흐르며 탁한 빛깔도 요란한 소리도 모두 내려놓는다. 오로지 강물로 충실하게 흐를 때 비로소 앙금은 가라앉고 깨끗한 물이 된다. 강은 잠잠해지며 평화로움을 되찾는다.

한여름 땡볕에 목말라 축 늘어졌던 나무나 풀들이 한줄기 소낙비에 푸름을 앞세워 싱그러움을 뽐낸다. 폭우에 휩쓸려 깊은 상처를 입은 푸나무도 서서히 제 몸을 추스르면서 아무 일도 없었던 것처럼 일상을 맞이한다.

2017. 08. 17.

전해 듣는 것과 직접 보는 것은 다르다

직접 가서 눈으로 보고 가슴으로 담아야 한다. 그래서 답사를 하고 순례나 확인이 필요한 것이다. '백문이 불여일견'이라 했다. 그런 맥락에서 금강 천리 트레킹도 금강을 이해하는데 큰 의미가 있고 보람이 있는 것이다.

직접 보아야 감탄을 스스럼없이 토해내고 난개발이나 오염된 모습에 눈살을 찌푸리기도 한다. 단순한 메시지 전달로는 상식선을 넘지 못하기 쉽다. 직접 봄으로써 보다 절실하게 느끼고 건전한 모습을 그려보기도 한다.

현장은 고정된 것이 아니라 수시로 그 모습이 바뀔 수 있다. 생생한 현장에서 판단능력을 키워주고 자신을 돌아보며 이래서는 안 되겠다는 자책을 느끼게 한다. 반성과 깨달음을 준다. 능동적 사고를 길러줄 수도 있다.

냇물이라고 항상 같은 냇물이 아니듯 강이라고 같은 강줄기가 아니다. 봄날 강 흐름이 다르고, 여름 가을 겨울이 다르다. 주위에서 꾸며지는 분위기가 다르다. 어떻게 분장하느냐에 따라서 전혀 다른 모습처럼 드러낸다.

금강도 자주 둘러보아야 보다 많은 것을 보고 느낄 수 있다. 비로소 금강의 진면목을 들여다볼 수가 있다. 작은 냇물 하나도 수시로 변화하는데, 천리 길 금강이라고 항상 같은 모양새일 수는 없다. 살아 움직이고 있다.

물론 그 뼈대는 그렇게 단시일 내에 변화가 없다. 하지만 그 안에 크고 작은 물결처럼 어우러지는 생태계는 하늘에 흘러가는 구름처럼 그때그때 새로운 몸짓처럼 그림을 그리기도 하고 지워지기도 하며 다른 느낌이다.

강을 중심으로 우리의 지혜로운 삶은 시작되어 발전하였다. 때로는 가뭄과 홍수를 겪으며 순탄치만은 않았음에도 새삼 되돌아보게 한다. 그 속에서 선조의 생활상이나 민속자료를 찾고 나아가 역사의 한 단면을 본다.

비록 무지렁이일망정 어려움을 딛고 끈질기고도 억척스럽게 살아온 삶이 아니던가. 우리의 역사는 그렇게 강물처럼 유유히 이어져 왔고 또 그렇게 흘러갈 것이다. 가끔은 하늘을 올려다보고 살았고 강물을 보며 살았다.

강물이 줄어듦에 안절부절 하였고 강물이 넘치면 또한 슬금슬금 하늘의 눈치를 보았다. 순간의 분노가 치밀어도 강 그 자체를 원망할 수 없었다. 그것은 천재지변이었고 오로지 하늘만이 해결 할 수 있는 일로 여겼다.

천재지변을 놓고 하늘과 다툴 수는 없는 일이다. 그냥 조용히 피해가며 최소한으로 그치기를 바랐다. 그렇게 소망을 이뤄주며 타협하듯 적당한 선에서 마무리되었지 싶다. 그러면서 쉽게 금강을 등지고 떠나지 못했다.

그렇게 그냥 머물러 살아가는 사람들이다. 그런데 요즘 개발붐을 타고 혼란스러워진 것이다. 너무 이해 타산적이고 약삭빨라진 것이다. 나만 있고 남이 눈에 들어오지 않는 것이다. 혼자 날뛰듯 다니고 있는 것이다.

넓고 넓은 세상이 갑자기 좁아진 듯싶다. 옳고 그름을 떠나 경거망동한 일에 주저함이 없다. 멈춤의 브레이크가 없는 것이다. 아니 모르는 것이다. 겉물만 잔뜩 들어서 말만 미끈하게 쏟아놓고 뒷감당을 못하는 것이다.

금강 상류의 소하천 중 하나인 버드냇길은 산책로로 대전시민의 체육공원 역할을 하며 건강관리를 위해 남녀, 연령층, 계절에 관계없이 하루에도 수많은 사람들이 걷는다. 시간대도 여건에 따라서 삼삼오오 달라진다.

그런데 같은 코스라도 새벽은 새벽대로, 아침은 아침대로, 오후나 저녁은 저녁대로 다르다. 활짝 개거나 구름이 끼고 바람이 불고 비가 오면 또 다르다. 그만큼 분위기가 달라지면서 그 영향을 받아 느낌도 다르다.

그냥 앉아서 생각하는 것과는 사뭇 달라진다. 현장에 나서보아야 비로소 실감하게 된다. 계절을 느끼게 된다. 현장은 항상 정적이기보다는 동적일 수가 있기 때문에 보지 못하던 새로운 것들을 보고 느낄 수가 있다.

그만큼 직접 보는 것과 전해 듣는 것은 다르다. 풍문으로 듣거나 전달로는 한계가 있다. 여기에 선입감까지 끼어들거나 고정관념이 앞질러 가로막을 수도 있다. 전해 듣기만 하면 자칫 왜곡되고 편견에 빠져들 수 있다.

같이 보고 있어도 보는 관점이나 취향이 달라 전혀 다른 것을 보거나 다르게 볼 수도 있다. 달리 느끼며 달리 생각하고 판단력도 같은 듯 같지가 않다. 여북하면 백번 들어야 한 번 직접 보는 것만 못하다고 하였다.

이처럼 전해 듣는 것만으로는 가슴을 뭉클하게 하는 현장감이 떨어질 수밖에 없다. 그래서 현장을 찾아 직접 보고 챙기고자 한다. 그래야 의문점이나 의구심에서 벗어나 최선을 다 할 수 있었다고 할 수 있을 것이다.

2017. 08. 03.

3부

충청의 젖줄 금강

습지와 둠벙과 여울

1.

오늘은 금산 제원의 천내리 일대 금강유역을 트레킹 한다. 금강 하구둑에서 277km라는 팻말이 있는 곳이니 금강 상류 2/3지점 부근인 셈이다. 저곡리 나지막한 저곡산성 전망대부터 찾았다. 우선 전체적인 지형을 조망하기 위해서다. 너무 깊숙이 들어가 있으면 자신의 존재 때문에 그 크기를 가늠하기 어렵고, 아주 가까이 있으면 너무 커서 안 보이고, 너무 멀리 있으면 아주 작아 안 보인다.

적당히 떨어진 알맞은 곳에서 보아야 한눈에 제대로 잘 볼 수 있다. 그런데 그런 곳을 찾기가 쉽지 않다. 강폭은 생각보다 아주 넓다. 그러나 평소에 물길은 한 쪽에 치우치고 자갈밭이거나 잡풀로 우거져 좁은 음산하기까지 하다. 쓸데없는 버려진 땅 같지만 그렇지도 않아 아주 요긴하게 쓰일 때가 있다. 한 해에 한두 번은 큰물이 들이닥치며 휘몰고 간다. 그 때를 위해 준비된 공간이기도 하다.

낭떠러지 밑에 닥실나루가 있는 천내리 금강이다. 강물은 이쪽을 파서 저쪽에 쌓기도 하면서 수중에 퇴적된 섬을 만들었다. 크고 작은 많은 섬들로 다도해의 한 장면이 스쳐간다. 강은 곧게 흐르지 않고 굽이굽이 돌아갔다. 급할 것 없다. 강의 목적은 빨리 바다에 가는 것이 아닌가 보다. 강물은 조금이라도 더 많은 생명에게 물을 나눠주고 싶어 제자리걸음을 하듯 이리저리 돌고 돌아 흘러간다.

그 속에서 수많은 초목, 들짐승, 물고기, 곤충 같은 생명체가 살아가고 있다. 수없이 싹이 트고 열매가 쏟아지며, 알을 낳고 새끼를 키운다. 더러는 더 강한 것의 먹잇감이 되기도 하고 더러는 그냥 흐지부지 사라지기도 하고 더러는 튼실하게 자라 종족을 보존한다. 씨앗이 바람에 날리기도 하지만 날짐승과 들짐승이 먹잇감으로 모아 옮기기도 하고 물에 실려 멀리까지 새 영역을 개척하기도 한다.

2.

물길을 벗어나 수풀이 우거진 곳이 습지다. 습지는 땅과 물을 이어주는 완충지 역할을 하며 오염된 물을 깨끗하게 걸러내기도 한다. 비가 많이 오면 물을 흡수하여 천천히 흐르도록 하고 비가 오지 않아 가뭄이 들면 습지에 있는 물을 생명체에게 제공한다. 습지는 퇴적물이 많이 쌓여 다양한 종류의 생명체가 살아가는 생태계의 보고이다.

습지는 물이 들어오고 나가는 곳으로 생명체가 생겨 살아가는 어머니의 자궁이면서 심장이고 허파다. 그런데 자꾸 습지가 줄어들면서 서식하는 동물을 보호하기 위해 여러 나라가 '람사르 협약'을 맺었다. 우리나라는 경남 창녕의 우포늪, 강원 양구의 대암산 용늪, 경북 울주의 무제치늪, 충남 태안의 두웅습지와 서천갯벌이 등록되었다.

습지인 이곳 역시 갈대와 버드나무가 터줏대감처럼 주류를 이룬다. 환삼덩굴과 갈대가 한 해의 삶을 걸고 다툰다. 봄날 일찍 갈대는 머리를 내밀고 환삼덩굴을 밑에 깔아뭉갠다. 이에 질세라 환산덩굴은 갈대를 뒤덮어버리며 엎치락뒤치락 아주 치열한 한 판 승부다. 여기에 더 강한 가시박이 등장하여 생태계를 혼란스럽고 몸서리치게 한다.

얼핏 채소밭 같은 가시박은 무비자로 들어와 불법 체류하는 못된 외래종 식물이다. 생태계를 급속히 파괴시키며 심각한 위기를 초래하고 있어 빨리 추방하거나 처단하여야 토종식물이 편히 살아남을 수 있다. 근절시키기가 쉽지 않아 작심하고 서둘러야 한다. 우리 일행도 목장갑을 끼고 조금이나마 제거작업에 동참하며 자긍심을 가졌다.

3.

둠벙이다. 둠벙은 전라도와 충청도지방에서 쓰고 있는 방언으로 웅덩이를 말한다. 흔히 생태연못으로 불리는 작은 연못은 농사짓기 위해 만들어졌다. 이곳은 자연적으로 생겨났으며 많은 물이 솟아나기 때문에 좀처럼 마르지 않아 멸종위기종인 두드럭조개와 다양한 생물이 서식하고 있다. 둠벙에는 천년 적막이 흐른다. 천년의 소리가 담겨 있다. 좀 더 관심을 가지고 귀를 기울이면 다정하게 다가와서 속삭이는 것 같다.

살짝 눈을 감고 있으면 누군가 속삭이는 듯하다. 건강한 생명이 숨 쉬고 있는 소리다. 자연이 살아있는 소리다. 고요한 소리다. 처음 들어보는 감미로운 소리다. 나비가 날고 잠자리가 풀 대궁에 내려앉는 소리다. 바람소리도 묻어난다. 새들이 구애하며 짝짓는 소리다. 여울물소리도 있다. 저만큼 뻐꾸기소리도 있다. 이들이 환상적으로 어우러지는 소리다. 순간순간 나를 씻어내리 듯이 아주 편안하다. 이것이 힐링이다.

눈을 살그머니 뜬다. 둠벙 너머 절벽 아래에 늙은 버드나무 한 그루가 우뚝 솟아 있다. 나뭇가지 겨드랑이에 황금빛 버섯이 들어온다. 조금 전에는 보이지 않았는데 나를 향해 소나무와 함께 그윽한 향기를 풀어놓는다. 자연은 한 번에 모두 볼 수 있는 것이 아니다. 보고 또 본다. 그래도 부족하다. 볼 만큼만 보여주나 보다. 천년의 둠벙, 그것도 각시둠벙이 왜 꿋꿋이 그 자리에 고집부리고 있었는지 조금은 이해되었다.

4.

오늘 일정에서 빼놓을 수 없는 용화여울 건너기다. 여울은 강이나 바다에서 바닥이 얕거나 폭이 좁아 물살이 빠르게 흐르는 곳이다. 상류에 용담댐이 생기고 수량이 많이 줄어들었지만 추석을 전후한 엊그제까지 많은 비가 내렸다. 물이 흐르는 강폭이 그만큼 넓고 깊어지며 물살이 빨라졌다.

여울은 물살이 보기보다 상당히 세다. 경사진 바닥에 물 흐름의 낙차로 산소가 녹아들며 방울방울 기포가 생긴다. 풍부한 산소에 많은 생명체가 모여든다. 미끌미끌 이끼가 한 몫 거든다. 사선으로 여울을 건넌다. 허벅지까지 물이 차올라 여럿이 손에 손을 맞잡고 조심스럽게 건너

가야 한다.

한 발 한 발 서로 의지하고 격려하며 천천히 내딛는다. 오늘 처음 만났지만 이제는 친구이고 이웃이고 동료다. 잘난 사람도 없고 못난 사람도 없다. 오로지 한마음이다. 며느리가 있고 사위가 있고 손주가 있는 사람들이다. 그동안 어디에 꽁꽁 숨었었는지 동심이 찾아와 마냥 즐겁게 한다.

언제 어디서 이런 시간을 가져보랴. 환경청 해설사는 하나라도 더 보여주고 싶어 안달이다. 앞에서 손과 손으로 이어진 긴 줄을 이끌고 간다. 기러기가 길잡이로 나선 선봉장을 좇아가듯 간다. 다만 V자 두 줄이 아닌 삐뚤빼뚤 한 줄로 질서정연하면서 미처 몰랐던 재미가 새록새록 돋는다.

바닥에는 다슬기가 널려 있다. 그만큼 오염되지 않은 깨끗한 금강이다. 여기서 다슬기는 단순히 식탁에 오르는 맛 좋은 먹거리가 아닌 하나의 어엿한 생명체다. 불청객이 갑작스럽게 놀라게 해서 미안하다. 발길에 스쳐 떠내려가면 다슬기의 느린 걸음으로는 엄청 먼 곳에 밀려나는 셈이다.

5.

트레킹을 하면서 커다란 지렁이도 있고 연가시도 보았다. 절벽에는 그다지 깊은 산중도 아닌데 와송도 있고 부처손도 있었다. 많은 희귀종의 동식물이 서식하는 원시의 숲이 있고 둠벙이 있고 습지가 있고 여울이 있었다. 그만큼 사람의 발길이 잦지 않아 자연 그대로 보존되고 있었다. 여울소리에 왁자지껄한 목소리까지 뒤섞이면서 유쾌 상쾌 통쾌한 새로운 세상이었다.

금강 주변에 금강이란 이름을 가진 단 하나의 금강초등학교가 산성 입구에 있었다. 재학생이 수백 명이었는데 주민이 떠나고 학생도 줄어들다 결국 폐교되었다. 아쉬운 현실이다. 하지만 주민은 떠나도 자연은 그대로 놓고 갈 수밖에 없다. 자연이란 이름으로 남아 꿋꿋이 자리를 지키고 있다.

그러나 그 꿋꿋한 뚝심도 앞으로 얼마나 유지될지 장담 못한다. 언제부터인가 난개발로 마구 훼손되면서 심하게 오염되고 자연이 시름시름 앓고 있다. 이제라도 철저한 보호를 받아야 할 시기가 되었지 싶다. 원상태로 복원은 어려워도 더 이상은 망가지거나 흉측스런 꼴을 보여서는 아니 된다.

즐거운 마음으로 자연을 보고 자연의 소리를 들을 수 있었던 보람된 하루였다. 자연을 잘 보존하여야 할 이유를 조금이나마 깨닫게 되었으니 큰 소득이다. 자연은 거짓이 없고 차별이 없고 생색내거나 뽐내지 않는다. 자연은 누구 한 사람 것이 아닌 우리 모두가 함께 누려야 할 공동 자산이다.

2016. 09. 22. 추분

금산 천내리 금강의 천내습지

비단물결 금강천리

금강은 전북 장수군의 신무산 뜬봉샘에서 발원하여 하구둑까지 397.8㎞를 굽이굽이 휘돌아 군산과 장항 앞바다 서해로 흘러든다. 낙동강과 한강에 이어 3번째 큰 강으로 충청과 전북을 적시는 천리 생명의 젖줄이다.

금강유역환경청에서 시민을 상대로 시행하는 '비단물결 금강천리 트레킹'에 참여하여 무주의 앞섬과 뒷섬 및 금산의 방우리에서 자갈밭을 걷고 여울을 건너는 환경체험 및 변화하는 금강의 모습을 체험하게 되었다.

반딧불이 유충은 다슬기를 먹고 자라는데 무주지역은 청정지역으로 다슬기가 많아 반딧불이가 서식하기에 적합한 곳이다. 금년도 10구간

중 금강의 속살을 볼 수 있는 6번째 구간이라고 해설사는 마음 들뜨게 한다.

금강의 속살을 본다. 속살은 은밀한 곳이다. 아무나 보여주거나 볼 수 없는 곳이다. 그만큼 특별한 인연이 있어야 하고 자연이 파괴되거나 오염되지 않고 옛 모습에 가깝게 그대로 잘 보존되었음을 의미하기도 한다.

제일 먼저 찾은 곳은 무주의 뒷동산 같은 향로봉(420m)이다. 오메가 형태를 이루는 앞섬과 뒷섬 그리고 그 너머 방우리가 작은 분지처럼 둥글게 한눈에 들어온다. 강줄기가 만들어내는 한 폭의 그림 같은 풍경이다.

'내도리'는 사방이 가파른 산과 강에 갇힌 육지 속의 섬이다. 그 속에는 쉽게 치유될 수 없는 아픈 상처를 품고 있다. 1976년 폭우에 나룻배를 타고 강 건너 무주읍내로 통학하던 학생 18명이 전복되어 희생되었다.

산을 내려가 학곶길을 걷는다. 용담댐이 생기고 강물이 줄어 지금은 그 기세가 죽었다. 강가에 큰 이태리포플러, 뽕나무, 느릅나무, 복분자, 칡넝쿨, 잡풀이 뒤엉켜서 음산하고 강바닥은 물이 적으니 이끼가 시퍼렇다.

주민의 힘으로 절벽을 어렵게 깎고 뚫어 학곶길을 만들며 감회가 깊었을 것이다. 질마재 돌벽에는 지성(head), 덕성(heart), 근로(hand), 건강(helth)을 상징하는 4H마크가 문신처럼 찍혀있어 가슴을 뭉클하게 한다.

앞섬은 금산군 부리면 방우리에서 흘러온 금강 물줄기가 마을을 휘어 감고 돌아나간다. 곡류하는 강변을 따라 기암절벽과 대조를 이루며 펼쳐진 하얀 자갈밭이나 조약돌과 모래밭이 눈이 부시도록 아름답기만 하다.

나룻배 전복 참사 후 내도교가 옛 선창가 부근에 건설되어 읍내까지 차량의 통행으로 편리해졌다. 내도분교까지 세웠으나 다른 농촌이나 마찬가지로 학생이 줄어 폐교 되었고, 필리핀 여성이 식당을 운영하고 있었다.

여울을 건넌다. 여울은 강바닥이 얕거나 폭이 좁아 물살이 빠르게 흐르는 곳이다. 미끌미끌한 이끼에 물살이 종아리를 밀쳐 비틀거린다. 다슬기가 널려있다. 시간을 건너 유년의 순수한 마음처럼 마냥 즐겁기만 하다.

절벽이 병풍 같은 강가에서 여울물소리를 베고 10분쯤 누웠다. 잘 깎이고 깨끗이 닦인 돌들이 햇볕에 덥혀져 등짝이 따스하다. 바람이 스쳐간다. 굳이 귀를 기울이지 않아도 여울소리가 간질간질 감미롭게 흘러간다.

하늘을 살짝 올려다보며 사르르 눈감는다. 전봇대, 자동차소음, 소똥 냄새조차 없어 무엇 하나 방해되지 않는다. 눈치 볼 것이 없다. 자연스럽게 금강의 속살을 끌어안으니 향기가 묻어나고 자연의 소리가 들려온다.

자연 속에 누워 자연의 소리를 들으며 모두 내려놓고 자연과 하나가 된 것이다. 이보다 더 편안한 마음일 수는 없지 싶다. 세상에 이런 아름다운 소리가 우리 주위에 있었음에도 잊고 있었음을 새삼 깨닫게 되었다.

상류에 용담댐이 건설되었다. 방우리의 험준한 산중턱에 굴을 뚫고 물길을 돌려 전기를 생산한다. 유입되는 물의 양이 줄어들었지만 빗물이 쏟아지면 큰물이 흐른다. 나뭇가지에 걸려있는 쓰레기를 보면 알 수 있다.

생태계는 본인 의사에 관계없이 자꾸 바뀐다. 오랜 세월 풍상으로 황폐화되고 사람의 터무니없는 욕심에 난개발 되어 환경을 살리자는 다급한 목소리가 터져 나오고 있다. 그러나 좀처럼 귀담아 들으려 하지 않는다.

천혜의 자연자원이나 고도의 문화자원에 못지않은 큰 자원은 사람이다. 사람이 있어야 관리를 하고 가꾸며 알릴 수 있다. 그런데 갈수록 사람이 없다. 눈앞의 이익과 편리한 곳을 찾아 농촌을 미련 없이 떠나고 있다.

그렇다고 지가상승 등을 노린 무분별한 개발이나 개방은 아니 된다. 어느 것이 현명한 길인가는 중지를 모을 때다. 자연은 한 번 훼손되면 다시 되돌릴 수 없다. 자연은 우리 세대만이 아닌 후손에게 물려주어야 한다.

후손의 몫으로 남겨두고 그들의 판단에 맡겨야 한다. 분별없이 마구 허물어서는 아니 된다. 그것이 권리이면서 의무이기도 하다. 하루 다르게 훼손되고 있어 자연보호가 절실하며 금강 살리기도 같은 맥락인 것이다.

이렇게 한 번쯤 돌아보아도 환경이 얼마나 심각하게 훼손되었고 중요한지를 새삼스레 느끼게 된다. 그런 의미에서 오늘 '비단물결 금강천리' 트레킹이 비록 몇 시간이었지만 그 이상의 가치가 있었다고 정리하고 싶다.

2016. 09. 08.

무주 내도리(앞섬과 뒷섬) 마을 — 오른편 위쪽이 금산 부리면 방우리

금강의 벼룻길

벼루는 강가, 냇가, 바닷가에 높이 솟은 벼랑을 지칭하는 말이고, 벼룻길은 그곳에 생긴 길을 말한다. 비단물결 금강천리 길의 무주군 지역인 부남면 일대를 '마실길'이라고 하는데 그 중에 일부를 벼룻길이라고도 한다.

부남면에는 조항산이라는 큰 산(799m)이 있다. 산자락 절벽이 금강과 만난다. 높은 산 능선에 올라야 보다 멀리까지 한눈에 바라다보고 아래를 내려다 볼 수 있다. 그러나 벼룻길은 강가의 가장 낮은 길이기도 하다.

물론 높은 곳이거나 가까이서 바라보면 대개는 잘 보인다. 하지만 때로는 좀은 떨어지거나 낮은 곳에서 보아야 제대로 보이는 것도 있다. 오늘은 가장 낮은 강물 곁을 지나며 산을 보고 강을 보고 세상을 들여다본다.

금강천리 트레킹은 금강을 따라간다. 높은 산을 찾아 오르는 것이 아니라 그 아래 낮은 곳을 묵묵히 흐르는 강물 곁을 지나며 그 일대를 더 자세히 보고 느끼면서 돌아보게 한다. 보다 세세하게 현장 속을 가는 것이다.

조항산 자락의 『벼룻길』을 걷는다. 이곳 마을주민들은 이 길을 '보뚝길'이라고 불렀다. 본래는 굴암마을의 '대뜰'에 물을 대기 위해서 일제강점기에 만들어진 농수로였으나 제대로 역할을 하지 못하면서 버려진 길이다.

굽이굽이 흐르는 강물줄기와 가파른 산에 막혀 마을과 마을이 가까이 있어도 멀리 돌아다닐 수밖에 없었다. 그야말로 가깝고도 먼 이웃일 수밖에 없었다. 산속에 고립된 섬이 된 셈이다. 참으로 안타까웠던 일이었다.

이곳 벼룻길은 율소마을에서 부남면의 소재지인 대소마을을 오가려면 강과 산에 가로막혀 강을 건너갔다가 다시 또 강을 건너야 하는 불편함이 뒤따를 수밖에 없었다. 채 2km도 안 되는 거리에서 발만 동동거렸다.

산이 높으면 계곡도 깊고 물길은 낮은 곳만을 찾다보니 불과 2~3킬로 가까운 곳도 굽이굽이 십여 킬로를 마다 않고 묵묵히 돌아다녔다. 그러다 보니 마을과 마을은 멀고 먼 길일 수밖에 없어 왕래가 쉽지 않았었다.

일본 강점기 때 마을주민들은 험한 산기슭과 강이 만나는 지점 가까이 농수로를 겸한 길을 만들었다. 바위를 뼈 깎듯 깎고 각시바위가 가로

막을 때는 그 결을 한 줌 한 줌 손톱으로 후벼 파듯 정으로 쪼아 굴을 팠다.

그렇게 만들어진 벼룻길이다. 비로소 강물이 불어도 안심하고 면소재지 학교를 걸어 다닐 수 있었고 물을 끌어 농사를 지을 수 있었다. 그러다 산업화 물결은 새로운 다리와 도로를 개설하였고 농수로도 해결되었다.

벼룻길을 따라 걷는다. 굽이굽이 흐르는 강줄기 따라 걷노라면 자연히 계절 따라 그 모습도 달라진다. 계절에 걸맞은 풍경을 강물 속에 옮겨 그려놓는다. 산자락에 여러 종류의 꽃이 피어나 새잎이 수줍음을 벗고 있다.

물가 버드나무의 신록 그림자가 강물에 빠져 잽싸게 따라 온다. 각시바위는 구박받던 며느리의 전설을 안은 바위로 옆으로 10여 미터 길이의 동굴이 파졌다. 농민들이 힘겹게 정으로 쪼든 그 모습이 그려지기도 한다.

금낭화, 현호색, 산괴불주머니, 은행잎조팝나무, 매화말발도리 같은 야생화도 피었다. 나무는 몸통이 서로 뒤엉켜 어느 것이 누구 다리인가 싶고 작은 새가 껍질을 쪼면서 벌레를 잡는다. 저만하면 신록도 꽃 못지않다.

산업화란 미명 아래 무차별한 개발로 망가질 대로 망가졌다. 벼룻길은 흐지부지 잊혔다가 때 묻지 않은 모습으로 되돌아왔다. 시간이 흐르면서 자연스럽게 자연을 사랑하고 금강을 아끼는 사람들의 발길이 잦아졌다.

한 시대 주민들의 애환이 고스란히 묻어있는 이 벼룻길은 옛것을 그리워하는 마음에 오히려 소중한 문화유산이 되었다. 농경시대 하나같이 어렵던 시절을 곱씹어볼 수 있는 길을 다시 열어주며 소통의 길이 되었다.

2017. 04. 20.

금강의 마실길

강물은 넉넉하게 흘러가도 계곡은 좁고 거칠기 짝이 없어 농토가 많지 않다. 농민에게 농토는 그 무엇과도 바꿀 수 없는 목숨이나 마찬가지로 여겼다. 지금은 문전옥답까지 내팽개쳐서 풀만 무성한 곳이 늘어나고 있다.

그런데 간혹 귀농하여 거친 황무지 땅을 파고 돌을 고르며 부풀은 꿈에 나무를 심으면서 가꾸고 있다. 아직은 여린 가지지만 새봄을 맞아 하나 둘 피어나는 꽃을 보면서 힘겨움도 잊고 꽃처럼 웃음이 닮아가고 있다.

산은 늘 변함없이 오래도록 그대로 있을 수 있지만 강은 언제든 바뀔 수 있다고 한다. 물길의 흐름은 굽이굽이 새로운 물길을 만들기도 하고

기왕에 있던 물길을 없애는가 하면 흙을 실어다가 쌓아 땅을 만들기도 한다.

가까운 위쪽 진안에 용담댐이 있다. 용담댐이 생기면서 큰 물줄기이던 이곳 금강줄기는 큰 변화를 겪어야 했다. 강폭이 좁아진 것은 물론이고 습지는 메말라서 모래와 자갈밭이 되었다. 주위에 과수원이 많이 생겼다.

진달래, 철쭉, 산을 희끗희끗 반백으로 물들인 산벚꽃, 복숭아꽃, 매화꽃, 시뻘겋다 못해 검은 물이 뚝뚝 떨어질 것 같은 홍도화, 저리 샛노랗다가 금세 어디론가 정처 없이 홀씨 되어 풍선처럼 날아갈 것 같은 민들레다.

뒤늦지 싶은 유채꽃에 누군가를 기다리고 있지 싶은 환한 달빛의 배꽃, 은은한 사과꽃, 논두렁 밭두렁 가리지 않고 꽂아놓은 듯싶은 조팝나무꽃, 강변에 고개를 푹 숙이고 머리가 희어지는 할미꽃군락지도 새롭기만 하다.

가을 단풍잎에 휩싸여 겨울로 가는 나들이도 좋지만 봄날 신록이 살아 움직이는 듯싶은 나들이도 좋다. 새싹은 아무 욕심 없는 순진한 아이들을 떠오르게 한다. 하루가 다르게 커나면서 색상도 진해지고 생동감이 있다.

화려한 꽃이 지고나면 뾰족뾰족 올라오는 새싹이 신비롭게 마음에 꽂힌다. 겨울을 밀어내고 곰실거리듯 움직임이 느껴지며 다가선다. 산자락 아래서 위쪽으로 꼼지락꼼지락 올라가며 온 산을 초록으로 색칠하고 있다.

꽃과 초록이 뒤섞인 봄길을 간다. 눈이 호강하며 걷는다. 코끝이 상쾌하고 발길이 가뿐하다. 강물은 곧게 흐르지 않는다. 힘으로 단숨에 몰아치지 싶어도 수없이 굽이굽이 돈다. 돌면서 보다 많은 생명을 품고 길러낸다.

봄날의 하루는 아주 길다. 시간 따라서 자꾸 달라진다. 오늘의 진풍경은 내일이면 달라지고 일주일 후면 완전히 다른 모습으로 바뀐다. 오직 지금 이 시간에 보아야 한다. 그래서 더 아쉬우면서 값진 것인지도 모른다.

그래서 날짜를 잘 맞추고 시간대를 잘 선택하여야 한다. 그런데 오후가 되면서 비가 내린다. 봄비가 내린다. 초목이 목말라 하던가. 물이라도 흠씬 먹여보고 싶은 것인가. 좀처럼 그칠 것 같지 않지만 많은 양은 아니다.

지금 이 시간 마음들이 같은가 보다. 마치 비를 기다렸다는 듯 서둘러 물러설 수는 없다. 우의를 걸친 사람, 우산을 쓴 사람, 우의를 걸치고 우산까지 쓴 사람들이 진풍경을 놓칠 수 없다고 발길을 멈추려 하지 않는다.

시커멓게 뒤집어씌운 것은 인삼밭이다. 산세가 누에머리를 닮았다는 잠두마을이다. 강변옛길을 걷는다. 무주와 금산을 잇던 비포장도로였으나 새로운 도로가 생기면서 옛길이 되었다. 2km 거리는 벚꽃이 활짝 피었다.

그러나 강물은 여전하다. 금강 최상류로 폭이 넓은 곳에 수초섬도 생겼다. 한창 흐드러진 무릉도원 복사꽃터널에서 이제 벚꽃이다. 대전은 완전히 봄이 지나간 것 같았는데 여기서 되돌려 봄을 다시 맞고 있는 것이다.

봄날 비단물결 금강을 따라 마실길 중 벼룻길을 벗어나 꽃구경을 하고 신록 구경을 하면서 비도 함께 데리고 다니는 것도 괜찮지 싶다. 비옷을 스치고 우산을 두드리는 빗소리도 그럴 듯 하나의 장단이고 가락이 된다.

새로 난 도로는 곧고 넓고 안전하게 쭉 뻗어 달리는 기분은 있어도 구경하기에 아기자기하거나 구수한 이야깃거리가 없다. 그래도 옛길은 좀 구차스러울 만큼 옹색한 길이었지만 아직껏 애환이 고스란히 남아 기다린다.

옛길은 마을과 마을을 질러 다니며 소통할 수 있었던 유일한 길이기도 하였다. 그 뿐인가, 주민들의 사랑을 듬뿍 받으며 애환이 깃들고 온갖 이야기가 조심스럽게 쌓여 짜릿한 이야기도 숨어있고 비밀이 되기도 하였다.

아주 구수하고 요절복통할 이야기가 있는가 하면, 당당했던 이야기에, 겁을 잔뜩 먹었던 이야기도 함께 있다. 간혹 은밀한 이야기도 담겨있을 터다. 그것이 그리운 고향이야기가 되었고 친구의 이야기로 기다릴 것이다.

벚꽃이 쏟아진다. 꽃이 휘날려 꽃비로 내린다. 여기에 빗물도 한 몫거든다. 바닥은 연분홍 싱그러운 카펫을 깐 꽃길이다. 언제 이런 길을 걸어볼 수 있으랴. 옆에 흐르는 강을 곁눈질해보지만 강은 빗물에 젖지 않는다.

마음도 젖지 않는다. 아우! 누가 먼저 내질렀던가. 그저 감탄에 취할 뿐이다. 봄날 꽃구경이라고 다 같은 구경이 아니었구나. 세상에 이런 날도 있었구나. 그래서 길을 나서고 또 새로움을 맛볼 수도 있는 것이지 싶었다.

마실길의 중심이랄 벼룻길을 지나 걸었다. 비와 꽃눈과 함께 걸었다. 이곳이 때마침 문화체육관광부와 한국관광공사에서 선정한 이달에 걷기 좋은 걷기여행길 10곳 중 하나였다. 전국으로 알려진 명소였음이 확실하였다.

2017. 04. 20.

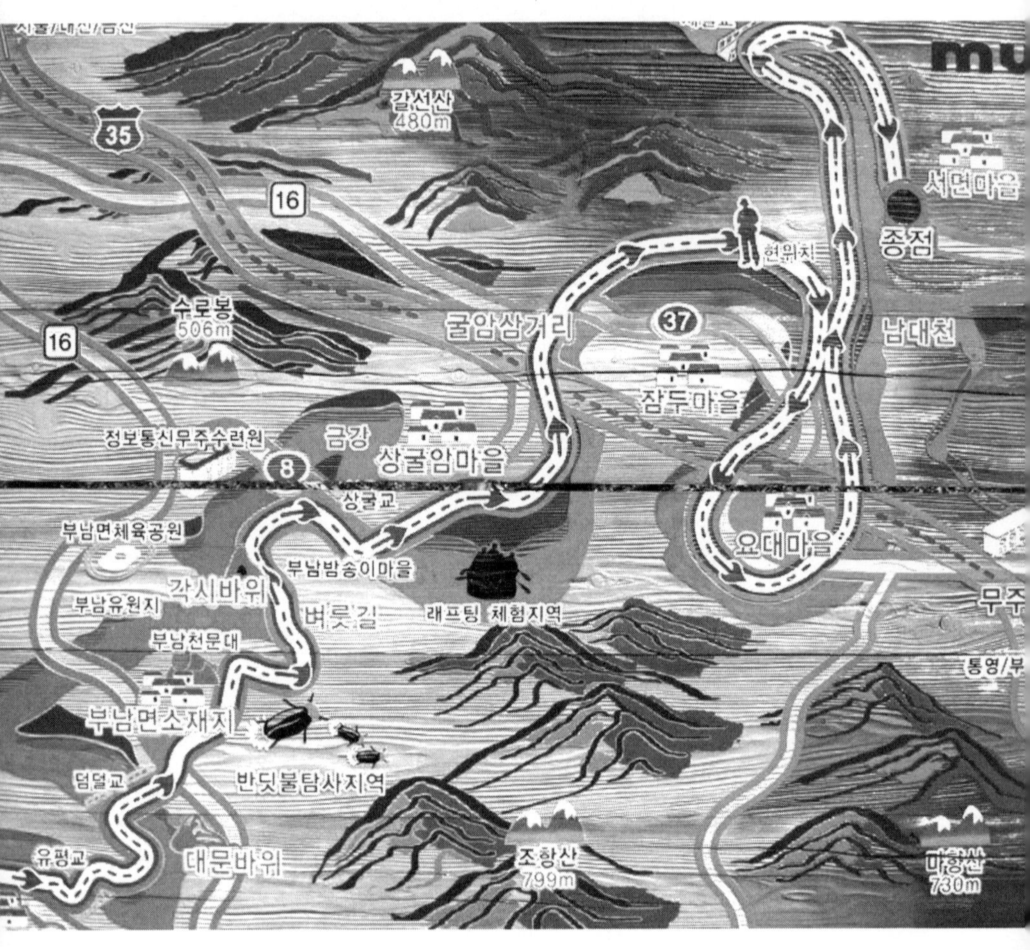
갈선산
480m
35
16
서면마을
종점
현위치
수로봉
506m
16
굴암삼거리
37
남대천
잠두마을
정보통신무주수련원
금강
상굴암마을
8
상굴교
요대마을
부남면체육공원
부남밤송이마을
각시바위
부남유원지
벼룻길
래프팅 체험지역
무주
부남천문대
통영/부
부남면소재지
반딧불탐사지역
덤덜교
유평교
대문바위
조항산
799m
730m

금강의 벼룻길과 마실길

백마강과 낙화암

사람이 살아가려면 물은 필수적이다. 인류의 역사는 대부분 큰물인 강을 끼고 발달하였다. 수도권에 한강, 영남권에 낙동강, 호남권에 영산강이 있다면 충청권에는 금강이 있고, 이들이 우리나라 4대강이기도 하다.

백제는 한강유역 한성에서 건국을 하고 금강유역인 웅진(공주)과 사비(부여)로 천도하여 678년간 존속하였다. 다시 1300여년 후에 행정수도 세종시가 들어섰다. 금강유역은 복을 받은 곳임에 틀림이 없어 보인다.

금강은 장수의 신무산 뜬봉샘에서 발원하여 397.8km를 돌고 돌아 장항 앞바다로 흘러든다. 금강은 충청의 젖줄로 천리를 흐르며 수많은 생명체의 생명수 등 제몫을 다하고 비로소 서해바다로 이름을 내려놓는다.

그런데 그 아름다운 비단물결 금강이 유독 부여지방 16㎞ 구간을 지나며 같은 금강인데 이름을 잠시 접고 백마강이라고 한다. 물론 처음부터 그런 것은 아니다. 당초에는 사비수 혹은 사자수, 백강 등으로 불렀었다.

당나라 장수 소정방의 군사가 이 강에 다다르니 앞을 분간할 수 없는 안개가 자욱하여 강을 건널 수 없었다. 그것도 하루 이틀이 아니고 매일 그렇다 보니 소정방은 안달이 났으며 부소산성 공격에 차질이 생겼다.

백제왕인 의자왕이 용으로 변해 조화를 부린다는 당나라 술사의 말을 들은 소정방이 부랴부랴 백마의 머리를 미끼로 용을 낚자 자욱하던 안개가 걷혀 강을 건너 성을 함락하였고 그 후 백마강으로 부른다고 한다.

소정방이 용을 낚았다는 바위를 조룡대라고 한다. 이 바위에는 용이 끌려올라오면서 실랑이를 벌리며 발버둥을 치다가 발톱자국이 생겼는데 지금도 그 자국이 남아있다고 한다. 바로 낙화암과 고란사 위쪽에 있다.

한편 이곳에서 금강은 오래 전부터 백강으로 표기해 왔다. 역사적으로 말(馬)은 '크다'는 뜻이 담겨있는데 이 강이 사비성 인근의 '백제에서 가장 큰 강'이므로 백강에 마자를 덧붙여서 백마강이라 불렀다고도 한다.

백마강에 관한 정설은 없지만 그럴 듯하게 전해오거나 유추할 뿐이지만 백제와 관련이 있음은 부인할 수 없다. 공주(웅진)는 64년간 수도였고 부여(사비)는 성왕이 백제부흥을 꾀하며 옮겨 123년 동안 수도였다.

고구려에 '평강공주와 바보온달'의 애틋한 사랑이야기가 있다면 백제에는 그에 못지않은 '서동왕자와 선화공주'의 애틋한 사랑이야기가 궁남지를 무대로 펼쳐지며 여름철 연꽃이 피면 솔솔 입줄에 오르내리고 있다.

서동왕자가 훗날 무왕이며 장자가 바로 의자왕이다. 의자왕이 태자였을 때는 해동증자로 불릴 만큼 총명하였고 왕위에 올라 고구려와 화친하며 백제의 대야성(합천)을 공략하여 40여성을 빼앗는 등 개혁적이었다.

그러나 말년에 나당연합군의 침략을 막아내지 못하고 멸망한 백제의 마지막 왕으로 비운의 군주가 되었다. 폄하하기 위해서 술과 여색에 빠져 정사를 소홀히 한 군주이고, 낙화암과 3천 궁녀가 생겼지 싶기도 하다.

부소산성은 표고 백 미터에 불과한 야산으로 성의 둘레도 2.2킬로미터 남짓한 작은 성이다. 그 성내에 궁궐이며 궁녀 3천 명이 기거할 만한 곳이 없고 낙화암에 가는 길목이나 절벽도 그만한 장소가 되지 못한다.

원혼을 달래기 위해 지었다는 백화정은 불과 백년도 못되어 전면

보수공사 중이다. 백제여인의 혼백이라도 담겼던가. 죄인 같은 마음에 저만큼 숨어 피어난 듯 하얀 구절초가 가을바람에 안쓰러워 보이기만 한다.

그럴듯한 전설이 없는 역사가 있으며 그만한 포장을 하지 않는 역사가 있으랴. 백제의 역사 또한 크게 다를 바가 없었을 것이다. 오늘은 금강이면서 금강이 아닌 백마강의 주변을 걸으면서 왠지 씁쓸하기만 하다.

죽은 자는 말이 없다. 역사는 산 자의 것이고 그 역사는 승자인 정복자가 기록한다. 점령을 합법화하고 패망자의 민심을 다독거려 수습하고 화합하다 보면 없는 죄도 입맛대로 만들어 덮어씌울 수밖에 없을 것이다.

한편으로는 허망하기도 하고 한편으로는 다독거려 민심을 돌리고 현실로 받아들이게 하려는 노력의 결정체이기도 하다. 패한 자가 무슨 얼굴로 옳다 그르다 말할 수 있으랴. 뒷전에서 너무한다고 수군거릴 뿐이다.

그러다 보면 곳곳에서 왜곡이나 과장이 많아진다. 작금의 현실을 조금만 눈여겨보아도 그렇다. 보수니 진보니 자신들의 이념대로 사사건건 뒤틀리지 않던가. 하물며 한 나라가 흥하고 망하는데 더 말할 나위 없다.

그야말로 전설 같은가 하면 갸웃갸웃 하면서 도저히 믿기지 않기도 한다. 정사가 아닌 야사로 구전되기도 하지만 세월의 흐름 속에 한계가 있다. 역사는 누가 기록하느냐에 따라서 사뭇 다른 시각일 수도 있다.

백마강까지 왔으니 황포돛배에 올라본다. 말만 돛배지 평범한 유람선과 다름없다. 조룡대에서 백제대교를 지나 부여8경 중 하나인 수북정까지 갔다 구드래에서 하선한다. 수심이 낮아진 탓인지 강물이 너무 탁하다.

백마강에 고요한 달밤아/ 고란사에 종소리가 들리어 오면/ 구곡간장 찢어지는/ 백제 꿈이 그립구나/ 아 달빛어린 낙화암의/ 그늘 속에서 불러보자/ 삼천 궁녀를~~, 강둑에서 소복한 유민처럼 억새가 손을 흔든다.

2017. 10. 21.

영동의 양산팔경

대전 시내의 가로수가 곱게 물들어가면서 가을의 단풍을 재촉하고 있다. 오늘은 단풍을 곁들인 비단물결 금강트레킹이 되지 싶다. 무주 남대천과 금산 봉황천이 합수한 강폭이 넓어진 금강이 영동으로 머리를 틀었다.

영동군 양산면 수두리다. 과수원에 먹음직스러운 사과가 빨갛게 수확의 손길을 기다리고 있다. 나무 밑에 반짝반짝 햇볕을 되받아 쬐려고 반사용 비닐을 깔았다. 그래야 사과의 빛깔이 고루고루 곱게 익을 수 있다.

'수두리'는 숲의 머리라는 뜻이 담겨져 있다. 나루가 있었는데 4대강 사업으로 지형이 많이 바뀌었다. 수변공원을 만들면서 물의 흐름이 뒤틀리어 나지막했던 여울은 깊어졌고 더 이상 건널 수가 없어 다리를 놓았다.

강물의 상류에서 하류 쪽을 바라보면서 왼쪽이 좌안이고 오른쪽을 우안이라고 한다. 수두교를 건너 좌안의 목도를 걷는다. 가을의 금강은 그다지 할 일이 없어 그냥 조용히 흐르기만 하면 될 것 같은데 그렇지가 않다.

영동은 백두대간이 등뼈를 세우고 추풍령이 영남과 충청을 가르는 곳으로 산세 좋고 유유히 흐르는 금강에 빼어난 곳이 많다. 그 중에도 양산면 일대는 일찍이 양산팔경이라고 부를 만큼 아름다운 자연을 지니고 있다.

천태산 영국사, 강선대, 비봉산, 봉황대, 함벽정, 여의정, 자풍서원, 용암을 양산8경이라 부르는데 정자(누각)가 4군데나 있을 만큼 조선의 선비들이 찾아들어 시문을 읽으며 풍류를 즐기고 세월을 낚던 강가이기도 하다.

산이 많아 상대적으로 하늘은 좁아 보이지만 강물이 흐르고 맑은 공기에 풍광이 빼어나니 이보다 더 좋은 곳이 있으랴 싶기도 하다. 특히 함벽정은 정자의 일부에 작은 방을 들여 불까지 땔 수 있게 구들까지 놓았다.

누각이나 정자의 기둥은 보통 둥근 나무 본래의 모습을 살려 8각형이나 6각형인데 4각으로 잘 다듬어진 기둥으로 직사각형의 기와지붕이다. 여름철만이 아닌 다소 쌀쌀한 날씨에도 이곳에서 즐겼음을 엿볼 수 있다.

강 건너 비록 작은 들녘이지만 내다보이는 경관만은 나무랄 데가 없다. 그러니 지금껏 8경의 하나로 손꼽힘에 손색이 없을 것이다. 요즘은 누런 볏논 대신에 비닐하우스가 하얗게 들어서 계절을 무색하게 하기도 한다.

정자와 누각의 차이는 벽이 있느냐 없느냐가 근본적인 차이다. 기둥이 있고 지붕이 있고 벽이 없는 것은 정자이고, 벽까지 있는 것은 집이라고 할 수 있는데 이 집이 누각이다. 이곳에서 독특한 누각을 볼 수 있었다.

아름다운 풍경도 가는 계절은 어쩔 수가 없다. 강물은 여울소리와 함께 기온 차이가 심해서인가 거품을 버들잎처럼 띄우고 산자락은 참나무가 붉어지며 잎이 툭툭 떨어져 바닥에 수를 놓으면서 새들은 입을 다물었다.

산길에 무인 농산물판매대를 설치하였다. 작은 판매대지만 1,000원짜리 몇 장이면 구입할 수 있는 우리 농산물이다. 갓 다듬은 부추묶음도 있고 껍질을 벗긴 땅콩이나 은행도 있다. 신선한 농심의 정성과 눈빛이다.

그렇게 인심이 각박하거나 사납기만 한 것은 아니다. 양심에 스스럼없이 맡기고 잘 지키면서 쏠쏠하게 팔리고 있다. 푼돈을 넘보는 사람도 없다. 여기에 훈훈함이 담겨있다. 믿음이 오고 가는 순수의 마음 소통이다.

강가 바위섬 6각 정자에 10여 그루 노송이 치맛자락처럼 둘러친 강선대다. 선녀가 노닐 만한 곳이다. 강물이 끊임없이 흘러가고 크고 작은 바람이 수시로 들이닥쳐서 어루만지는가 하면 때로는 닦달을 하기도 한다.

저만큼 시름시름하는 고목을 보니 몸통이 엿가락처럼 비비 꼬였다. 일생을 두고 수많은 바람과 맞부딪치며 살아남기 위한 안간힘 발버둥친 세월이 고스란히 묻어있지 싶다. 고난의 세월이 쌓이고 쌓여 꼬인 몸통이다.

나무라고 항상 편안하기만 하였을까. 겉으로는 괜찮은 척 푸르름을 토하였지만 속으로는 삶이 그리 호락호락하지만은 않았음을 증거하고 있는 것이다. 누구를 원망하기보다 내 탓으로 여기며 끌어안고 살아온 일생이다.

봉곡교를 지나 송호관광지다. 8경의 여의정이 있고 용암이 있지만 현실적으로 와 닿는 것은 소나무 숲이다. 중국단풍나무가 붉게 물들고 은행나무가 노랗게 수놓으며 푸른 소나무와 어울려 가을축제를 준비하고 있다.

여름에는 사람들로 빈틈이 없었다는데 텅 비어 한적하다. 이 일대 금강을 중심으로 『황순원의 소나기』가 영화로 만들어진 촬영지이기도 하다. 앳된 소년소녀의 순수가 묻어나는 사랑이야기에 눈시울을 적시기도 한다.

'용암'이 묵묵히 강물에 하반신을 담그고 있다. 빠금히 내다보이는 건너편 강선대에 선녀들이 내려와 목욕하는 모습을 넋 놓고 바라보다가 그만 승천을 못한 용이 끝내는 바위로 변하여 그 자리를 지키고 있다고 한다.

아름드리 솔숲에 조용히 누워본다. 15~20미터 높이의 노송이 하늘을 떠받치며 가리고 있다. 숲 사이로 들어오는 높고 파란 하늘이 우물을 들여다보는 것 같다. 살짝 하얀 구름이 변화를 주며 동적인 분위기를 연출한다.

누워서 묵묵히 소나무의 윗부분을 바라본다. 수없이 보아온 소나무인데 줄기며 가지가 어느 지방의 시가지를 연상하게 한다. 큰 줄기는 간선 도로로 쭉쭉 뻗고 작은 줄기는 골목길이며 솔방울은 주택처럼 보이기도 한다.

누워서 하늘 보기다. 아니 세상사 잡념을 내려놓고 소나무 보기다. 누군가 친절하게 오카리나를 연주하여 분위기를 잡아준다. 대낮에 꿈속이라도 헤매듯 피톤치드를 들이마시면서 10분쯤 즐겼다. 몸도 마음도 거뜬하다.

오늘의 비단물결 금강트레킹은 양산팔경에서 즐겼다. 멀리서 바라보는 강은 한없이 편안하게 보였지만 가까이서 보는 강은 그렇지가 않았다. 그냥 멋있고 조용하게 들어오는 것이 아니다. 여울물소리와 함께 분주하였다.

갈대를 비롯한 잡풀이 우거졌다. 한 쪽으로 치우친 물길에 이끼가 많이 끼었고 수온이 차가워 물고기의 모습은 잘 보이지 않았다. 반듯하게 쌓은 강둑이 깔끔하지만 곡선의 자연스러움이 사라져 아쉬움이 남기도 하였다.

2017. 10. 26.

구수천 천년옛길

상주시 모동면 수봉리의 석천을 구수천이라고도 한다. 구수천은 백화산 한성봉(934m)자락을 끼고 7㎞를 굽이치면서 멋진 풍경을 연출하는 계곡이다. 황희 정승의 신위를 모신 옥동서원에서 영동의 반야사 앞을 지난다.

상주의 물은 대부분 낙동강으로 흘러들어 영남지방을 적시지만 북서부인 이곳 구수천은 금강 상류 3지천으로 민주지산의 물한계곡서 흘러내리는 초강천과 만나고 심천에서 금강 본류가 되면서 충청도와 화합을 한다.

구수천 여울은 변화가 많고 아름답다. 1탄에서 8탄까지 구분을 하지만 자연에 심취되어 묵묵히 냇물을 따라가다 보면 어디서 경상도가 충청도로 바뀌는지 모르겠다. 그만큼 둘이 하나가 될 정도로 소통이 된 셈이다.

하기야 흐르는 물길까지 굳이 경상도다 충청도다 나눌 필요가 있을까. 그냥 물길 따라 흐르면 된다. 계곡을 가파르게 굽이돌면서 곳곳에 숱한 여울이 만들어지고 그냥 자연스럽게 노래라도 흥얼거리듯이 흘러가면 된다.

옥동서원은 정조의 사액서원으로 사적 제532호로 지정되었다. 세종 때 청백리로 알려진 황희 정승의 학문과 덕행을 추모하기 위해 세웠으며 흥선대원군의 서원철폐령에도 폐쇄되지 않은 47개 서원 가운데 하나이다.

옥동서원 앞 석천에서 징검다리를 건너 시작부터 작은 동산이지만 아주 가파르게 우뚝 솟은 백옥정 정자를 오른다. 인근이 훤히 들어오는 전망 좋은 곳이다. 저 들녘을 적시고 남은 물이 구수천이라는 이름으로 흐른다.

수려한 자연이 어우러진 곳으로 많은 선비들이 찾아와 풍류를 즐겼을 만하다. 마음을 씻는다는 '세심석' 큰 바위도 있다. 구수천의 좌안을 따라 걷는다. 심산유곡에 옛길을 복원하였지만 대체로 비교적 평탄한 길이다.

깊고 깊은 산속에 이런 길이 있을 줄은 미처 생각지 못했다. 물길이 산을 헤집듯 굽이굽이 모롱이를 감돌며 물 가까이 다가가기도 하고 돌길이 흙길로 바뀌기도 하고 데크길을 걷는가 하면 호젓한 숲을 걷기도 한다.

높은 산과 깊은 계곡과 작지만 파란 하늘과 연신 흘러가는 냇물과 깎아지른 절벽과 바위와 곱게 물들어가는 단풍과 우거진 나무와 잡풀이 서로 조화를 이루면서 하나하나 감탄과 함께 멋진 그림의 풍경 속을 걷는다.

속세를 떠나 모두를 잠시 내려놓고 마음이 편안함을 넘어 우쭐해지는 듯 발길이 가뿐하다. 세상의 잡스럽거나 혼란스러운 소리가 들리지 않고 고요가 민망한 듯 바스락바스락 나뭇잎 밟히는 자연의 소리가 크게 울린다.

이처럼 구수천 팔탄 길은 옥동서원에서 8개의 여울(팔탄)을 지나 반야사에 이르는 천년옛길을 복원해 놓은 길이다. 구수천은 깊은 산속 계곡물로 여울물 소리가 끊임없이 재잘거리면서 '백화산 호국의 길'로 불리기도 한다.

'백화산 호국의 길'이란 말은 신라 때는 삼국통일 전초기지였으며 고려 때는 몽골침입의 격전지였고 조선 때는 임진왜란의 의병활동지로 백화산이 배경이 되었기 때문이다. 지금은 모두 잊은 듯 한가한 외진 계곡이다.

사유지로 약초를 재배하고 커다란 밤나무단지로 빈 밤송이가 수없이 널브러져 있다. 출렁다리가 나온다. 호기심과 함께 짜릿한 기분으로 물을 건넌다. 주변의 산세가 절벽을 이루고 곱게 물들어 가며 함께 장관을 이룬다.

말만 들어도 끔찍스런 저승골이다. 몽골군이 많이 죽어 '저승골'로 불린다. '차라대'가 '홍지 스님'에게 대패해 성을 넘지 못하고 한탄한 데서 백화산의 주봉을 한성봉(恨城峰)이라 하다가 한성봉(漢城峰)이 되었다고 한다.

'임천석대' 절벽이다. 고려의 거문고 악사 '임천석'이 고려가 멸망하자 투신하면서 붙여진 이름이다. 조선 태조가 그의 재주에 감탄해 한양으로 불렀으나 응하지 않고 이곳에서 투신해 불사이군의 충절을 지킨 곳이다.

영동 황간의 반야사다. 냇물 건너 조금 전에 지나온 너덜이 눈에 확 들어온다. 한낱 돌무더기였는데 묘하게 호랑이 형상을 하고 있다. 머리며 다리에 치켜 올려진 꼬리까지 막 도약하려는 힘찬 호랑이의 모습과 닮았다.

그곳을 지날 때는 아무렇지 않았다. 사물에 너무 깊숙이 들어가거나 너무 가까우면 오히려 보지 못하고 느끼지 못한다. 적당한 거리에서 보아야 비로소 보고 느끼는 것이 있다. 세상사 참으로 묘한 이치의 가르침이다.

반야사는 아찔한 벼랑 끝에 문수전이 있다. 세조가 문수보살이 시키는 대로 망경대 아래 영천(구수천)에서 목욕을 하고 씻은 듯이 피부병이 나았다고 전해온다. 극락전 앞에 수령 500년 넘은 배롱나무도 눈길을 당긴다.

차로 10여 분 이동하여 황간면 원촌 초강천의 깎아지른 절벽 월류봉을 찾았다. 달도 머물다 간다는 곳으로 물이 하도 차가워 한천이라고도 하며 우암 송시열이 머물던 한천정사에서 이름을 따서 한천팔경이라고도 한다.

황금빛 벼로 가득해야 할 가을이지만 영동의 산촌은 비닐하우스가 들어서 하얗게 뒤덮고 감나무의 고장답게 상주와 마찬가지로 나무마다 휘어지게 감만 남아 빨갛다. 그냥 감나무만 심어놓으면 주렁주렁 매달리지 싶다.

또한 요즘 수확하는 포도가 단내를 풍기고 있다. 가을걷이에 바쁠 텐데도 농부들의 모습은 보이지 않는다. 언제 누가 일하는지 궁금할 정도다. 그래도 시간이 흐르면 계절을 놓치지 않고 가을을 거두며 채우고 비우리라.

2017. 10. 26.

성당포구에서 금강하구

된서리가 내려 호박잎이 밤사이 고개를 푹 떨구고 고추밭이 흐물흐물하다. 는개가 내리다 활짝 갠 파란 가을 하늘이다. 쏟아지는 말간 햇살에도 다소 쌀랑한 바람이 얼굴을 스치지만 나들이하기에 아주 좋은 날이다.

익산 용안의 용머리고을포구다. 자전거 한 대 볼 수 없는 금강자전거 일주도로만 휑하다. 강둑에 정성껏 꽂아놓은 바람개비는 시위를 하듯 일제히 멈춰 돌아갈 줄을 모른다. 금강보다도 더 깊고 긴 근심에 쌓였나 보다.

4대강 정비 사업으로 조성된 억새단지로 지금쯤은 억새꽃축제에 술렁거려야 할 때인데 지난여름 지독한 가뭄 여파로 자연산이 아닌 심겨진 억새는 더 큰 타격을 받고 주저앉아 꽃을 피울 줄 몰라 축제마저 무산되었다.

아무리 돈을 쏟아 붓고 아우성친들 인간의 힘이 자연의 능력을 따라갈 수 없다. 자연은 자연스러워야 제멋에 어울림을 깨닫게 하는 대목이다. 새것도 좋지만 자연을 훼손하지 않는 것이 자연을 왜곡하지 않는 것이다.

조선시대에 세금으로 징수한 곡물을 배로 실어 나르기 위해서 일시 쌓아두는 창고인 조세창이 있었던 성당포구다. 하구인 장항에서 서해바다를 타고 올라가 한강을 거쳐 한양을 드나들던 배들로 홍청거린 선창이다.

그 시절을 반추하듯 사오백 년 된 은행나무가 열매를 주렁주렁 매달고 있어도 값이 폭락한 은행을 수확하지 않는다. 그 옆에 2백여 년 느티나무 두 그루는 당당하다. 뱃길의 안녕을 기원하면서 당제를 지냈던 곳이다.

그러나 개발이라는 미명 아래 옛 흔적은 다 지워버리고 캠핑장으로 바뀌었다. 어느 것 하나 보란 듯 내놓을 것이 없다. 아주 귀중한 문화유산도 한 번 훼손하고 없애버리면 다시는 되찾을 수 없어 아쉬움이 남는다.

대나무 숲을 거쳐 정상에 올라 정자에서 내려다보는 금강은 정말 아름답다. 여러 물줄기가 모여드는 금강은 바다처럼 넓고 퇴적된 흙으로 새로운 섬이 만들어져 새들의 낙원, 그들만의 생태계인 아늑한 쉼터가 되었다.

습지는 수생식물인 물배추가 뒤덮었다. 강에는 오리가 모여들고 저

만큼 하얀 고니도 눈에 들어왔다. 시베리아가 춥다고 먹잇감이 많은 금강으로 날아오는 철새가 있는가 하면, 제비는 따스한 강남으로 서둘러 떠나갔다.

웅포대교를 건너 하구둑 방향이다. 신성리 갈대밭이 6km다. 왼쪽으로 늠름한 금강이 함께한다. 불과 20여km 지점에 금강이 수명을 다하는 하구둑이 있다. 바다와 강 사이에 둑을 막아 바닷물 유입을 아예 차단했다.

거슬러 올라오던 염분이 끊겼다. 바다와 강을 오가던 뱀장어, 참게, 복어 같은 회귀성 어류의 길이 인위적으로 막혔다. 한 때는 강경 부여 공주를 지나 부강까지 오간 황포돛대는 멎었고 생태계는 큰 변화를 가져왔다.

흐르던 금강이 잠시 호수처럼 웅성거린다. 염분을 먹고 자라는 갈대마저 시름시름 발육에 지장을 초래하면서 소금을 뿌려 가까스로 해결을 한다. 순 자연산에서 일부는 도움을 받아야 하므로 재배하는 형식이 되었다.

전북 장수의 뜬봉샘에서 발원하여 397.8km를 굽이굽이 돌고 돌아 하나의 원을 그리며 17개 지자체를 거쳐 천리 길을 달려온 금강이다. 그런데 뜬봉샘과 하구둑의 직선거리는 불과 30여km밖에 되지 않는다고 한다.

금강유역에 옹기종기 모여 살았기 때문에 서로 만나지는 못했어도 생활풍습이 크게 벗어나지 않고 어딘가 닮아 두루뭉술하게 잘 통한다고 한다. 보다 큰 틀에서 금강이라는 한 우물을 먹은 한 동네사람과 같다고 한다.

동민(洞民)의 동(洞)은 물 수(水)에 같을 동(同)이다. 금강유역주민은 금강천리의 물을 함께 마시는 동민으로서, 금강은 물론 말 없는 자연이라고 마구 훼손하거나 오염되지 않게 주변을 지킬 책임이 있다고 할 것이다.

2016. 11. 03.

금강유역은 삶의 터전이다

이름 모를 풀 한 포기라고 무심코 지나치지만 누군가에게는 좋은 눈빛이 되고 귀한 약재가 될 수도 있는데 그냥 쉽게 넘겨버린다. 하기야 그런 것은 필요하면 헤아릴 사람이 따로 있어 그리 염려할 일은 아니니다.

그만큼 자연은 무궁무진하고 하나 같이 귀중하다. 비록 보잘것없어 보이는 작은 것 하나도 살아야 할 권리를 지녔고 보호받아 마땅하다. 자연을 잘 보호하는 것이 우리가 살아가며 환경을 지키는 길이기도 하다.

자연은 어떻게 다가가 이용하느냐에 따라 사뭇 달라진다. 좋은 환경에서 지내고 싶어 한다. 자연은 특정된 사람의 것이 아닌 우리 모두의 것이다. 다함께 한 마음으로 가꾸고 보존해야 할 가치 있는 공동자산이다.

생태계는 저희끼리 조화를 이루면서 같이 살아남을 길을 택한다. 약하다고 아주 사라지면 먹이사슬이 무너지면서 혼란스러워지고 개체수가 조절된다. 그런데 언제부터인가 외래종이 들어와서 발칵 뒤집어 놓았다.

물고기는 물론 밀입국한 식물에게 무차별한 공격을 받으면서 재래종이 텃밭에서 밀려나고 있다. 적당히 살아갈 만큼 자리를 제공받는 정도가 아니라 죽기 살기로 고사작전을 펼쳐 오히려 생태계를 긴장시키고 있다.

보기에도 너무 밉상이라 인위적으로 개입하고 있다. 그 중에 하나가 가시박 같은 경우다. 달맞이꽃만 같아도 너그러이 보아줄 텐데 아무런 도움도 되지 않는 깡패집단 같은 막가파식의 강탈자로 토종보호에 나섰다.

살아가는 모습을 보면 대견하다. 살아남기 위해서 발버둥치는 모습이 안쓰럽기도 하지만 그 처절함 앞에 숙연해진다. 바람에 맞서다 누운 줄기가 가까스로 추스른다. 되돌릴 수 없는 불구의 마디에서 희망이 싹튼다.

부러진 가지를 비집으며 아무 일 없었던 듯 해맑은 웃음을 머금고 새싹이 고개를 내민다. 숲은 조용하지 싶어도 경쟁을 게을리 하지 않는다. 마디 하나라도 먼저 내밀고 위에 서야 햇볕을 더 받을 수 있다.

삶의 현장은 아슬아슬하면서 경건함이 묻어난다. 이 세상 살아간다는 것보다 더 자랑스럽고 떳떳함이 있겠는가. 아무리 절박해도 푸름의 끈을 놓지 못하고 돌 밑에서 헤집고 나오고 부러진 다리를 이끌고 일어선다.

이른 아침 자욱한 안개가 모락모락 피어오르다 걷히면 맑은 햇살이 금모래처럼 쏟아지고 하늘은 강물보다 새파랗다. 강변을 돌아다니면 어느새 자연의 소리에 빠져들고 자연의 냄새 자연의 향기에 듬뿍 젖는다.

멀리서 뻐꾹뻐꾹 들려오는 소리는 목이 쉬었다. 자연은 거짓이 없다. 애써 꾸미지 않고 있는 그대로 보여주고 들려준다. 소박한가 하면 넉넉함이 있고 우거진 넝쿨이 빈틈없지 싶어도 서로가 기꺼이 보듬어 준다.

강변은 아기자기하다. 풀잎에 맺힌 이슬은 아침햇살에 반짝이는 영롱한 구슬이 된다. 서로 아옹다옹 다투기보다 어우러져 하나의 마을을 이루며 그 속에 숱한 생명이 살아가고, 그 모습이 아주 풋풋하니 싱그럽다.

자연의 모습은 정겹고 강물의 흐름만큼이나 생동감 넘친다. 물고기는 이따금 바깥세상이 궁금한 듯 펄쩍펄쩍 공중으로 뛰어오르기도 한다. 금강에도 계절은 빼놓지 않고 찾아들고 그에 걸맞게 준비하고 잘 적응한다.

오늘도 금강은 살아 숨 쉬고 유유히 천리 길을 끊임없이 흘러간다. 충청의 젖줄 되어 흙을 축축이 적시며 숱한 생명을 먹이고 있다. 멈출 수 없는 사명감에 금강은 제 몫을 다하며 우리는 그 물을 마시고 있다.

금강유역에는 수많은 볼거리와 먹을거리가 있다. 편안하게 숨을 쉴 자연의 텃밭이 되고 있다. 공주 부여지방은 칠백년 백제의 심장부로 지금껏 아우르고 있다. 오랜 세월 겪어 온 만큼 탄탄한 역사를 지니고 있다.

2016. 10. 10.

금강을 사랑하는 마음

사방팔방에서 모여든 물은 하나로 합쳐지고 금강이란 이름으로 흐르면서 끝내 서해바다가 된다. 장장 천리 길 거대한 강이다. 대전도 금강이란 물길에서 자유로울 수 없다. 그러나 살아가기 바빠 잠시 잊고 있지 싶다.

초목이나 짐승까지도 금강의 물을 먹고 살아가는 삶의 근거지다. 하루도 빠짐없이 직간접적으로 이용하여야 하는데 그 근원이 오염되게 할 수는 없다. 금강유역에 살면서 금강을 깨끗한 충청의 젖줄로 만들어야 한다.

물론 금강만 그런 것은 아니다. 낙동강이나 한강도 있다. 그 곳도 같은 마음으로 가는 곳마다 좋은 물을 맛보며 물 때문에 고민하는 일은 없어야 한다. 그렇게 지역마다 아끼면서 사랑할 때 전 국토가 살아날 수 있다.

물 때문에 농부가 싸움질하고 물 때문에 사람들이 토악질을 하고 물 때문에 공장이 멈추는 일은 없어야 한다. 물을 깨끗하게 하고 잘 관리하여 부족함이 없이 살아가는 것 하나만으로도 행복한 삶에 크게 이바지한다.

그런데 달라도 너무 많이 달라졌다. 급속도로 물이 오염되어 먹을 물이 부족하다. 오래전부터 수돗물조차 못미더워 수시로 물을 구입해 식수로 사용하고 있다. 장마 때는 물이 넘실거려도 눈앞에 그림의 떡일 뿐이다.

무참하게 허물어지고 있는 자연의 현장을 목격하면서 너무 심하다는 자책감에서 벗어날 수가 없다. 강과 숲은 아픔도 기쁨도 하나인 듯 누구 탓도 하지 않는다. 물길이 흘러가듯 그냥 숙명처럼 받아들이고 있지 싶다.

사람은 자연을 몹시 그리워하는데 자연은 사람에 의해 끊임없이 시달림을 받고 있다. 오지까지 발길이 스치면서 시름시름 앓고 있다. 보호받아야 하는 쪽은 자연이지 싶을 정도로 힘없이 오염되면서 망가지고 있다.

옳고 그름을 몰라서가 아니다. 말은 쉽게 하는데 행동은 거꾸로다. 늘 나는 잘하고 있는데 남이 잘못하고 있는 것처럼 여긴다. 탓을 하면서 나는 그 속에서 빼놓으려 한다. 나도 그 중에 하나임을 잊지 말아야 한다.

생명이 있는 것은 살아남으려 안간힘 쓴다. 초목도 마찬가지다. 가뭄이나 태풍에도 생명줄을 놓지 않으려 모지락스러워진다. 핍박받을수록 몸집을 낮추고 잎을 떨어내며 더 억척스러워진다. 일종의 구조조정인 셈이다.

뿌리는 수분을 찾아 바위를 넘고 허공을 더듬거리며 돌 틈새를 비집고 들어간다. 가능하면 끝까지 망설이지 않고 조금씩 뻗어나간다. 그래야 뿌리로서 본분에 충실하면서 초목을 구할 수 있다. 삶의 본능이 움직인다.

가만히 앉아서 기다리지만은 않는다. 갈대나 억새도 넘어지면 일어서려고 발버둥을 친다. 부러져 일어설 힘이 없으면 마디마다에 새싹이 돋아나서 새로운 대궁을 세운다. 자연 속에서 몸부림치는 생생한 삶의 모습이다.

자연은 어지간하면 볼썽사납게 넘어져도 스스로 치유할 수 있는 자정능력을 지니고 있다. 시간이 흐르면서 모두 용서하듯 그냥 잊고 아무렇지 않게 원상회복된다. 뿐만 아니라 따뜻이 품어주며 더불어 가는 것이다.

자연은 오랜 세월을 두고 한결같아 보인다. 하지만 변화가 없는 듯 시나브로 변화를 가져오기도 한다. 치열한 삶의 경쟁 속에서 알고도 모르는 척 몰라도 아는 척하듯이 입을 다물고 묵묵히 함께 어울리며 공생을 한다.

그런데 칡넝쿨은 너무 노골적이고도 이기적으로 주위를 괴롭힌다. 타고 오르며 다른 초목을 숨 막히게 한다. 그야말로 막무가내다. 타협이라고는 없다. 이웃에 대하여 배려라고는 모른다. 함께한다는 화합이라고는 없다.

마구잡이로 훼손되고 오염되어도 몰라라 하는 것은 바람직하지 않다. 나를 내가 몰라라 하는 것과 다르지 않다. 금강유역에 살면서 그 물을 마시고 금강을 아끼며 사랑하는 것은 나를 아끼고 사랑하는 것이기도 하다.

금강 물을 마시고 살아간다. 눈앞에 대청호가 저처럼 넘실거려도 그냥은 마시지를 못한다. 취수탑을 거쳐 정화하여 가정으로 배달되어야 비로소 마실 수 있다. 어느 물이 우리 집에 배달되어올까 잠시 생각에 잠겨본다.

2016. 09. 18.

금강이라는 깃발

엄마오리와 새끼오리 여덟 마리가 냇물에서 노니는 모습은 가슴을 따스하게 한다. 강아지는 물론 돼지나 호랑이새끼도 귀엽다. 온몸에 가시투성이인 고슴도치도 제 새끼가 가장 잘 생겼다고 여기듯 새끼는 예쁘다.

작은 들꽃이 숨었다 들킨 것처럼 수줍음을 드러낸다. 굳이 이름을 몰라도 꽃은 여전히 아름답다. 앙증스러운 모습이 그렇게 고울 수가 없다. 지나가다 슬그머니 다시 한 번 돌아보며 더듬더듬 이름을 물어본다.

어디서 몸을 감추고 우는지 보이지 않아도 새소리는 감미롭다. 우렁찬 매미소리가 경쾌하고 간간이 들리는 자연의 고상한 소리가 가슴을 파고든다. 더위가 여전한데 눈치껏 가을을 여는 귀뚜리울음소리가 반갑다.

강물을 흔드는 데는 세찬 바람이 아니라도 족하다. 이마에 주름살 같은 물결을 만들면서 출렁거린다. 따스한 햇살이 덧옷을 벗고 깊숙이 갇혔던 마음을 풀어내게 한다. 자연의 소리가 마음을 열고 가슴을 열게 한다.

이처럼 자연은 비록 작은 것이라도 은연중 살가움이 있어 더 정겨움이 묻어나고 살며시 다가가 스스럼없이 어울릴 수가 있다. 보일 듯 말 듯 발밑에 밟혔지 싶은 작은 것에서 생명의 존귀함이 느껴지면서 눈물겹다.

자연의 세계는 작은 생명 하나도 아주 귀중하다. 나무라거나 탓할 수 없다. 작은 것이 있음으로 큰 것이 존재할 수 있다. 오직 크고 힘 있는 것만의 세상이 아닌 제 분수에 맞게 각자의 영역에서 더불어 살아간다.

강물은 늘 그 자리에 있는 것 같지만 쉬지 않고 흘러간다. 뒷물이 앞물을 밀면서 이미 저 멀리 흘러가고 새로운 물이 잇대어 채워가고 있다. 얼핏 보기에는 내내 그 물이 그 물 같아 보이지만 전혀 다른 물이다.

햇빛은 물과 곧잘 어울리는 듯 속에까지 훤히 비춘다. 바람은 물을 밀쳐 물결로 일렁거리며 해찰한다. 물은 서로 밀고 끌고 흘러가며 이물질인 찌꺼기 같은 앙금을 자꾸 내려놓고 가라앉혀 깨끗하고 투명해진다.

물의 속성은 빈 곳이 있으면 채우며 낮은 곳을 따라 흘러간다. 한 곳에 오래 고이거나 멎어 있으면 부패하여 심한 냄새가 난다. 썩은 물에는 산소가 부족하여 생명체가 살아갈 수 없다. 하나 둘 발길이 돌아선다.

물이 썩으면 지독한 냄새는 물론 자연환경이 급속도로 나빠진다. 그 썩은 물이 사람과는 아무런 관계가 없을 듯싶어도 그렇지 않다. 식수뿐만이 아니라 어느 형태로든 사람 곁으로 곧바로 다가올 수도 있다.

공업용수와 산업용수가 되고 농업용수가 되어 농작물이나 과일에 영향을 줄 수 있다. 해충이나 병균이 생겨 들짐승에게 옮겨지고 가축이나 사람에게도 전염될 수 있다. 동식물의 성장 과정에도 좋을 까닭이 없다.

천리 충청의 젖줄 금강이다. 사방팔방에서 물길이 멀리 또는 가까이서 굽이굽이 모여들어 함께 흘러가면서 이어진다. 때로는 아주 험난한 길을 지나오기도 했겠지만 어떤 공치사나 구시렁구시렁 뒷말은 하지 않는다.

또한 어디서 왔느냐고 묻지를 않는다. 촌스럽고 지저분하다거나 지독스런 냄새가 난다고 따지지 않는다. 그냥 한 몸이 되어 흘러가다 보면 분노 같은 앙금은 시나브로 내려놓게 되고 같은 한 길을 가고 있음을 안다.

산에는 산 맛이 있듯 강에는 강 맛이 있다. 그들이 만들어 내는 독특한 맛이다. 꾸밈이 없기에 거짓 또한 없는 순수한 자연의 맛이다. 다만 찾는 사람들의 취향이나 개성에 따라 받아들임에 차이가 있을 수 있다.

이 산골짝 저 계곡에서 모여들어 도랑이니 냇물이니 하천이라고 불리던 이름은 흘러가면서 자연스럽게 지워버리고 오직 하나 금강뿐이다. 금강이라는 깃발 하나 앞세우고 늠름하게 서해바다를 향해 달음질을 한다.

2016. 10. 11.

4부

왜 우리만 갖고 그래

왜 우리만 갖고 그래

요즈음 살충제 계란 때문에 식탁에 비상이 걸렸다. 때 아닌 계란파동이다. 그동안 고병원성조류독감으로 멀쩡하지 싶은데 수없이 살처분 생매장하여 닭들이 수난을 겪었다. 인간들을 보며 '왜 우리만 갖고 그러느냐'고 하지 싶다.

그동안 계란을 안 먹어본 사람은 거의 없다. 계란은 누구누구 할 것 없이 많은 사람이 먹었다. 가장 가까이서 쉽게 구할 수 있는 먹을거리다. 누구는 당당하게 그동안 그렇게 많이 먹었으면 이제 그만 먹어도 된다고 한다.

정말 넋 나간 소리다. 계란은 기호식품이 아니다. 일반 가정에서는 다소 불편해도 잠시 감수한다고 하지만, 빵이나 과자 같은 가공식품의 중요 원료이다. 식생활에서 계란을 빼놓고 생각하기 어려울 정도로 필수품이 되었다.

어린이집 식탁은 부랴부랴 계란조림을 두부조림으로, 계란탕국은 미역탕국으로 바꾸었고 계란이 들어간 식빵을 대신해 시루떡으로 대체하는 소동이 벌어졌다. 식약처의 처신은 믿음 없는 불신만 팽배해 불안하기 그지없다.

계란은 눈도, 코도, 귀도, 입도 없다. 따라서 생명력이 없을 듯싶지만 그렇지가 않다. 조금만 잘못 관리하면 고약한 냄새까지 풍기면서 골아 못쓰게 된다. 그러나 어미가 21일 동안 정성껏 품으면 어여쁜 병아리가 태어난다.

계란만큼 사랑을 듬뿍 받는 먹을거리도 드물다. 병아리만큼 삐악삐악 어여쁜 새끼도 드물다. 라면 한 봉지를 끓여도 계란이 들어가고 안 들어가는데 따라서 그 맛이 확 달라진다. 초등학교 소풍 때의 단골 메뉴였다.

백년손님인 사위가 오면 씨암탉을 잡아준 때가 있다. 아끼고 아꼈던 닭이지만 아깝지가 않았던 것이다. 돌아보면 사위를 위하는 일이 곧 딸을 위하는 일로 어머니가 딸을 끔찍하게 사랑하는 마음씨가 담겨져 있기도 하다.

닭은 새벽이면 힘차게 울어 하루의 시작을 알렸고 시간을 가늠하게 하였다. 곧 날이 밝아온다. 희망의 새날이 밝고 새해가 밝는다. 시골길을 가다가 아기 울음소리나 닭 울음소리가 들려오면 반가우면서 평화스럽게 여겨졌다.

닭이 고병원성조류인플루엔자(AI, 고병원성조류독감)로 근래 수없는 굴욕을 겪어왔다. 특히 병신년인 지난해는 2천만 마리가 넘는 닭이 인근에서 몇 마리 닭이 발병하였다는 이유로 무조건 생매장을 당한 수난의 해였다.

금년은 정유년 '붉은 닭의 해'를 맞아 희생된 닭의 대가로 닭값은 물론 계란값이 천정부지로 치솟아 수입까지 하였으나 신통치 않았다. 닭과 계란이 제대로 대접받으며 권위를 세워보나 하였더니 살충제 계란으로 날벼락이다.

사육되는 가축으로 닭, 소, 돼지, 개, 오리, 염소, 양 등 많은데 닭만 콕 찍은 거다. 닭이 그렇게 만만하던가? 이번에는 살충제 계란파동이라니, "왜 우리만 갖고 그래." 얼마나 희생을 했는데, 인간들 마음대로 힘들게 하는 거야.

더구나 2017년은 정유년 '붉은 닭의 해'가 아닌가. 정유년의 '정'은 십간(갑을병정무기경신임계) 중에 불의 기운으로 붉은 색깔을 상징한다. 그리고 '유'는 십이간지(자축인묘진사오미신유술해) 중에서 열 번째인 닭을 의미한다.

사육환경이 아주 좋지 않다고 한다. 간신히 몸이 들어갈 사육장으로 공장사육이라는 말까지 나온다. 인체에 좋지 않은 줄 알면서도 살충제를 쓸 수밖에 없는 처지에 다다랐다. 닭과 계란은 생필품으로 개선책이 나와야 한다.

닭은 처음에는 야생에서 자유롭게 살던 멧닭이었다. 약 4천 년 전에 파키스탄 지역의 인더스강 유역에서 처음으로 길들여진 것으로 알려져 있다. 우리나라 닭의 역사는 문헌기록이 그다지 없어 언제부터인지는 확실치 않다.

그나마 고구려 무용총벽화에 꼬리가 긴 닭이 있고, 신라시대 경주 계림의 전설에서 닭이 등장하였다. 1973년 경주 천마총에서 발견된 계란이 서기 340년의 것으로 밝혀졌으며 그 당시에 이미 닭을 사육한 것으로 추정된다.

차라리 이번 계제에 닭을 자연으로 되돌려 보내어 해방시키면 어떨까? 누천년 동안 우리 인간을 위해 알을 주고 고기를 주면서 그 얼마나 일방적인 희생을 당하였는가. 먹여주었다고는 하지만 그게 정당한 답변일 수는 없다.

원자력발전소도 공론화하여 없애려고 하는데, 이참에 고병원성조류독감으로 부족해 계란파동까지 불러온 닭을 해방시키면 안 되는 걸까? 비록 가축이지만 선심이나 팍팍 쓰며 인기를 듬뿍 누려보는 것도 나쁘지는 않을 것이다.

살충제 계란으로 들끓고 있는데, 그 알을 낳는 닭인들 탐탁할 리가 없다. 그러나 닭은 예로부터 복(伏)날 먹는 음식으로 개고기가 손꼽혔지만 삼계탕이 보양식으로 전해왔는가 하면 민어탕, 육개장과 장어도 인기를 끌고 있다.

오히려 인간이 먹을거리로 닭에게 길들여졌지 싶다. 대체할 만한 방안이 없어 어떻게든 환경을 개선하고 고쳐서 지금 이대로 밀고 나가려 한다. "정말 너무 하십니다. 그간 공로를 인정하여 독립과 자유를 나눠 주세요. 인간님!"

참으로 애절한 닭들의 하소연이다, 아니, 피를 토하는 절규가 곳곳에서 떠돌고 있지만 듣거나 받아들이려고 하지 않으니 말짱 공염불이다. 그러나 너희 닭을 아끼는 마음은 12년마다 달력에 '닭의 해'로 기억함을 잊지 말거라.

그런데 막상 소신 없는 당국이, 괜찮다, 아니다, 오락가락하며 불신을 가중시켰다. 자신 있게 먹어도 괜찮다 말 못하고 적당히 얼버무리려하다가 의구심만 커질 수밖에 없다. 외국에서도 살충제 계란이야기가 솔솔 들려온다.

2017. 08. 25.

돌아보면 상처투성이다

삶 그 자체는 경쟁의 대상이 아니다. 단순한 부분적인 다툼은 있을 수 있어도 그냥 죽기 살기가 아니다. 생존이 걸린 문제로 선불리 경쟁에 휘말릴 일이 아니다. 남의 일이라고 앞장서 선동하거나 부채질할 일이 아니다.

지독한 가뭄 속에 한 방울 물을 찾아 뿌리를 가까스로 뻗어보려는 안간힘을 썼다. 혹한에 꽁꽁 얼어붙어 이대로 죽을지도 몰라 발가락을 꼼지락꼼지락 안달에 한숨마저 메마른 긴긴 겨울이었다. 엄청난 홍수에 속수무책으로 떠내려가다 다리 난간에 아슬아슬 걸치고 나뭇가지에 걸레조각처럼 얹혀 안쓰럽게 했다. 안 돼, 이렇게 죽으면 너무 억울해 발버둥을 치며 악몽에 시달렸다. 세찬 바람에 못 견디고 휩쓸려 몸통 채 넘어지고 바람모지에서 반복되다 보니 몸통이 비비꼬여 엿가락처럼 비틀어졌어도 아무렇지 않은 척 하다가 죽어 껍질을 벗고야 어쩔 수 없이 드러냈다. 겉보기와 달리 허우대는 멀쩡해도 속은 문드러졌다. 폭설에 너무 무겁게 짓눌려 지탱하기 버거워 비틀거리다 큰 가지 하나를 우드득 꺾어 가득 쌓인 눈을 쏟아내고야 가까스로 몸을 가누며 모면했다. 바람만 불면 속이 빈 노목은 구멍 사이로 괴상한 신음소리를 토하며 늘 불안하다. 활활 타오르는 산불로 시커멓게 몰려드는 연기에 질식하였다가 가까스로 기적처럼 되살아나기도 하였다.

어느 이야기 하나인들 눈물겹지 않으랴. 살아있다는 것이, 살아간다는 것이 그저 천운이지 싶다. 자연의 세계나 사람이 사는 동네나 그만큼 삶은 존엄하고 함부로 목숨줄을 놓을 수 없어 악착같이 움켜쥐는 것은 의지를 넘어선 본능이다. 그런데 잠잠하지 싶으면 좀 언짢다고 삶이 어쩌고저쩌고 아무렇게나 쉽게 말을 한다. 그 누가, 그 무엇이 목숨이 둘이라던가. 오직 하나 뿐인데 도박판 같은 곳으로 내몰 수는 없는 일이다. 더구나 목숨은 내 것이라도 내 마음대로 할 수 있는 것이 아닌 신성불가침한 것이다. 그 누가 왈가왈부 하는가. 이러쿵저러쿵 그 자체가 사치스런 일이다. 그런데 오늘 아침에도 모텔에서 두 남녀가 자살을 한 것으로 추정된다고 보도하고 있다. 무책임하다는 말이 있다. 이런 경우에 쓰이는 말이지 싶기도 하다. 이 세상이 어디 저 혼자만 마음대로 사는 곳이었던가. 물론 한 번 가면 그뿐이라고는 하지만 주위에 아끼던 사람은 물론이려니와 가족들의 마음은 어떻겠는가. 끝끝내 상처만 남겨놓았고 부모의 가슴에다 대못을 박았다.

노란 새싹이 삐죽삐죽 올라올 때는 새봄이 왔다고 설렌 가슴으로 얼마나 좋아하며 축복하였던가. 작은 것이 예쁘게도 꽃이 피었다고 보고 또 보면서 입에 침이 마르도록 칭찬을 아끼지 않았었다. 열매가 달리고 커나는 모습을 보며 가슴 벅차지 않았던가. 벌 나비까지 찾아와 축복을 하지 않았던가. 이른 아침 풀잎에 밤새워 모아진 이슬이 햇볕에 반짝거리면 영롱한 수정구슬이라 하였다. 수북이 올라온 풀밭은 초록으로 뒤덮어 보리밭처럼 일렁거렸다. 그 속에서 초롱초롱한 유년의 눈빛이 뛰어놀며 잊었던 친구가 나타나서 함께 힘껏 내달리고 싶은 충동을 느끼지 않았던가. 그 친구는 어디서 무엇을 하고 있을까. 같은 하늘 아래 있어도 아득하기만 하다. 얼핏 스치는 얼굴에 그리움이 여운처럼 서서히 감돌았다. 그 친구도 어디선가 잘 지내고 있겠지. 내가 그 친구를 기억하듯 그 친구도 나를 기억하고 있을까. 꼬리에 꼬리를 물고 지난날로 자꾸 빠져들면서 알 수 없는 미소에 젖어보기도 한다. 무소식이 희소식이라 했으니 인연 닿으면 만날 수도 있겠지.

요즈음은 금수저, 은수저, 흙수저에 갑질이 논란의 대상이 되고 있다. 자연의 세계라고 다를까. 열악한 환경에서 벗어나 보다 좋은 환경에서 다리 쭉 뻗고 살고 싶다. 어린 새순은 좋은 나물이라고 인기를 누리고 어떤 것은 귀한 약초라고 융숭한 대접을 받으며 관심을 끌기도 한다. 모든 생명체는 다 지구촌의 구성원이다. 이름 모를 하찮은 들풀로 관심 없다가 꽃이 피면 그렇게 고울 수 없다. 그 때 비로소 존재감이 드러나며 눈길을 당기고 발길이 다가간다. 대개는 아주 조용히 살아가는 것이 자연의 모습인데 오직 사람이 유난스레 호들갑을 떤다. 나이를 먹었다고 세월 앞에 스스로 무릎 꿇는 것은 아닌지. 아니다, 아직은 아니다. 가야 할 길이 많이 남았다. 금강은 매일 같이 천리를 흘러도 충청의 젖줄로 여전히 자리매김하고 있다. 가뜩이나 힘겨워하는 농심의 곡식밭에 심술을 부리는 잡초처럼 되지는 말아야 한다. 그래도 살아볼 만한 세상이다. 버드내(유등천)도 금강의 일부임에 틀림없다. 냇가에서 자연의 숨소리를 들으며 크게 한 번 내뿜어 본다.

오늘은 보다 순수하고 긍정적인 마음의 눈으로 자연을 바라보았다. 아끼고 보호하며 생명의 존엄성을 새겨보았다. 사람의 세계도 다름없지 싶어 함께 더듬어보았다. 살아있다는 그 자체만으로도 크나큰 축복이지 싶었다.

2016. 10. 17.

변하고 바뀌어야 산다

가을이 깊어가며 산자락보다 오히려 시내의 단풍이 더 좋지 싶다. 멀리 가지 않아도 길을 나서면 단풍물결이다. 차를 타고 시내를 달린다. 도로변 나무들이 참 곱게 물들었다. 마치 사열이라도 하는 기분으로 우쭐해진다.

숲을 지나간다. 수십 년 된 나무가 벌러덩 넘어졌다. 바람이 아주 세차게 불었나 보다. 그런데 앞줄에 있는 나무가 넘어진 것이 아니라 안쪽에 있는 나무가 넘어져 있다. 바람을 훨씬 덜 받을 텐데 왜 먼저 넘어졌을까.

이빨이 너무 아프다고 한다. 어젯밤에 잠을 한숨도 못 잤다고 한다. 그런데 앞니나 어금니가 아닌 저 깊숙한 안쪽 이빨이 아프다고 한다. 평소에 많이 쓰이는 이빨보다 그다지 사용하지 않는 이빨이 먼저 허물어진다.

바람과 직접 대치한다고 넘어지는 것은 아니다. 평소에는 바람을 잘 피하다가 갑자기 불어 닥치는 바람에 희생을 당한다. 평소에 많이 쓰면서 단련을 받는 것보다 평소 뒷전에 있던 것이 돌발 상황에 쉽게 망가진다.

물가에 능수버들이 축축 늘어져 하늘거린다. 약하게 보이지만 보기와는 달리 가을이 끝나고도 한참 지나 쌀쌀한 겨울에 접어들어야 잎이 진다. 봄에는 맨 먼저 새싹이 돋는다. 활엽수 중에 가장 오래 푸름을 간직한다.

겉모습과는 아주 다르다. 그야말로 길고 짧은 것은 재보아야 안다. 바람에 나무들이 시달릴 때도 능수버들은 바람과 노닐며 미끄럼을 타듯 아주 유연하다. 바람이 두려워 겁에 질려 피하기보다 어울려 즐기고 있다.

고자세에서 빨리 벗어나야 한다. 변해야 하는데 변하지 않고 바뀌지도 않는다고 한다. 정작 바뀌고 변할 사람은 나인데 남을 떠올리고 있다. 내 탓은 의도적으로 감추거나 아예 잊어버리고 오로지 남 탓만 하고 있다.

나는 괜찮은데 항상 남이 문제라고 우겨대고 있다. 전에는 안 그랬는데 요즘에는 왜들 그러는지 모르겠다고 훈계조로 당당해지려 한다. 아무리 변하고 바뀌어도 자신이 따라가지 못하니 오히려 불만만 가중되고 있다.

현재에도 과거 속에 살고 있는 사람 같다. 혼자 과거에 매달리면 엇박

자일 수밖에 없다. 기름과 물처럼 따로 놀 수밖에 없다. 시대에 따라가지를 못하고 그만큼 뒤떨어지고 있음에도 인정하지 않으려는 옹고집뿐이다.

너무 앞질러 가는 것도 문제이지만 너무 뒤처지는 것도 큰 문제이다. 변하고 바뀔 것은 그냥 있고 그냥 있을 것은 주책이다 싶게 먼저 나서 변하고 바뀌려고 한다. 앞뒤 순서가 없는 셈이다. 자꾸 혼란스러워지게 한다.

바람이라고 다 같지 않다. 봄바람은 새싹이 돋고 꽃이 피게 하는 훈훈한 온기가 배어있다면 가을바람은 단풍이 들고 서둘러 잎이 지게 한다. 싸늘한 차가움이 들어 있다. 가을을 떠나보내며 겨울준비를 서두르고 있다.

다른 사람의 눈에는 훤히 들어오고 느껴지는데도 왜 나만이 모르고 느끼지를 못하는 것일까. 참으로 한심하면서 안타까운 일이다. 현실을 똑바로 바라볼 수 있어야 한다. 지난날은 이미 없고 현재일 수도 없는 것이다.

갈대와 억새는 다르다. 그런데도 같다고 여기거나 구분하지 못한다. 억새는 보다 척박하면서 수분이 적은 산자락에서 잘 자란다. 반면 갈대는 수분이 많으며 염분까지 필요해서 바다와 강이 만나는 갯가에서 잘 자란다.

뒤섞이면 갈대보다 억새의 생활력이 더 억세지 싶다. 갈대는 대나무처럼 속이 비었으나 억새는 그렇지 않다. 억새꽃은 백발로 변하고 갈대는 수수모가지처럼 살짝 고개 숙인다. 가을나그네의 마음을 은근슬쩍 흔든다.

갈대는 자랄수록 자꾸 내려놓고 속을 비워 가벼워져야 꼿꼿하게 설 수 있음을 아는가 보다. 뿐만 아니라 주변의 물을 정화시키는데 탁월한 능력을 지녔다. 이제 멈추고 겸허히 겨울을 맞는다. 금강도 겨울차비를 한다.

2016. 11. 11.

삶은 선택의 길이다

저수지 같은 물속에는 외래종인 배스가 엄청난 식욕으로 물고기, 개구리, 새우, 수서곤충 등을 통째로 잡아먹는 무법자로 공포의 대상이다. 황소개구리 또한 생태계의 기존 질서를 멋대로 파괴하면서 긴장시키고 있다.

주로 논이나 연못의 진흙이 많은 곳에서 사는 우렁이는 제 살을 파서 새끼에게 먹일 만큼 희생하다 빈 껍질만 남아 물위에 둥둥 떠다닌다. 사마귀는 제 알을 품은 암컷에게 영양분을 보충하도록 스스로 잡혀 먹힌다.

개미는 여왕개미, 일개미, 수개미로 나누어진다. 그 중에 수개미는 평소에는 별로 하는 일이 없어 빈둥빈둥 놀고 지내다가 딱 한 번 여왕개미와 하늘 높이 밀월여행을 하고서 미련 없이 바닥에 떨어져 일생을 마감한다.

일반 상식으로는 상상을 초월하는 일들이다. 한없이 잔인하면서 종족을 살리기 위한 최후의 헌신이고 마지막 희생으로 목숨도 마다 않고 내놓는다. 비록 한낱 동물의 세계라고는 하지만 그 정신만큼은 높이 사지 싶다.

미물이라지만 어찌 사람의 모성애만 못하다고 하겠는가. 이런 일들이 자연의 숙명적인 관행이고 자연스러운 현상이기도 하다. 그런가 하면 노략질에 끝내 이웃을 괴롭히는 무리도 많아 자연은 한가한 듯 긴장하게 한다.

내면을 차근차근 들여다보면 자연의 세계나 사람의 세계나 낯설지 않아 이처럼 같지 싶은 모습을 이따금 엿볼 수도 있다. 우선은 살아남아야 다음을 기약할 수 있다. 때로는 종족을 구하기 위한 치열한 생존경쟁이다.

식물은 한 번 태어나면 일생을 같은 자리에서 마감하지만 동물은 수없이 근거리를 맴돈다. 이에 비하면 언제고 어디고 오갈 수 있는 사람이다. 그래서 세상은 한없이 넓고 궁금하며 해볼 만한 일들이 많을 수밖에 없다.

그렇지만 하나하나가 힘겨운 도전이면서 장담할 수 없는 모험으로 대개는 머뭇머뭇 망설이다 기회를 놓치고 만다. 뒤늦게 비탄에 빠져 후회를 한다. 그나마 후회라도 하면 희망이 있다. 하나의 깨달음이기 때문이다.

실패를 하고도 깨달음마저 없으면 참으로 허무한 일이다. 그래서 인생길은 쉽지만은 않다. 그래도 삶은 아름다우며 다시 꿈을 꾸면서 그 꿈을 믿는다. 하지만 믿음 이상의 노력이 필요하다는 것을 알면서 곧잘 잊는다.

크고 작은 후회를 반복하면서 인생은 멈춤 없이 흘러가고 있다. 기다리지 않아도 또 하루가 밝아 온다. 그러나 어제의 오늘이 아닌데도 같은 날로 여겨져 아무렇지 않다. 한 번 지나가면 그뿐 덧없는 세월이 되고 만다.

어디로 갈까. 오늘도 크고 작은 길을 나선다. 가면서 로터리 같은 길을 수없이 만난다. 삶은 때로는 순간적 선택의 길이다. 일상적인 하찮은 길도 있지만 운명을 좌우할 아주 중대한 길도 함께 뒤섞여 머뭇거리게 한다.

선택의 여지가 없는 외길도 있다. 선택이라기보다 무심코 들어서는 길도 있다. 아무리 눈을 크게 뜨고 보아도 앞이 내다보이지 않아 아리송하다. 당황스럽지만 마냥 머물 수가 없어 어쩔 수 없이 애매한 선택을 한다.

하늘을 본다. 강을 본다. 산자락을 본다. 키 큰 해바라기가 우쭐해 태양을 혼자 보는 것은 아니다. 민들레 홀씨가 하늘을 가볍게 난다고 어디고 가는 것은 아니다. 납작 엎드린 채송화가 꽃밭을 독차지하는 것 아니다.

저마다 지닌 그릇이 있다. 지나쳐 과하면 탈이 생긴다. 넘치면 부족함만 못하다고 하였다. 욕심은 끝을 모르고 지나친 욕심은 화를 자초한다. 분수를 알아야 한다. 매사 만족할 줄 알아야 한다. 감사할 줄 알아야 한다.

풀이라고 모두 보잘것없는 하찮은 것은 아니다. 독초도 있겠지만 대부분 도움을 주고 있다. 미나리나 갈대는 오염된 물을 정화시키기도 한다. 시궁창에 핀 연꽃은 은은한 미소로 사람의 마음을 사로잡고 경건하게 한다.

봄이면 좋은 나물이 되기도 하고 질 좋은 산야초로 유용하게 쓰이기도 한다. 꽃을 피워서 양질의 꿀을 만들어 주기도 하고 향기를 나눠주기도 한다. 세상은 혼자만 먹고 즐기는 것이 아니라 이웃과 함께 더불어서 살아간다.

다슬기는 반딧불이의 중간 숙주가 된다. 이처럼 다른 생명에게 직간접적으로 필요한 존재가 되기도 한다. 풀이라고 그냥 물만 먹고 햇볕만 받는 것이 아니다. 모두가 대자연을 만들어 가는 하나하나 귀중한 구성원들이다.

바람이라고 못살게 굴며 지나가는 것이 아니다. 꽃바람을 날려 열매를 맺는데 일조를 한다. 은연중 필요한 존재가 되기도 한다. 동물의 시체나 큰 나무가 넘어져 죽으면 썩어서 다음 생명들을 위한 좋은 밑거름이 된다.

이런 것들이 순환하는 아름다운 자연의 모습이다. 자연은 선택의 여지가 없다면 그래도 사람은 선택이란 카드가 있다. 그 선택에 따라 운명의 길이 뒤바뀔 수도 있다. 그것이 자연과 가장 다른 점 중 하나이기도 하다.

이따금 이번 일만 잘되면 그동안의 고생을 깨끗이 청산하고 팔자가 필 수 있다고 큰소리친다. 이번만큼은 제대로 선택할 수 있나 보다. 복권방에 사람들이 몰려든다. 수많은 번호를 앞에 놓고 골랐다 놓았다 골몰한다.

삶은 선택의 길이다. 모른다고 회피하거나 미룰 수 없다. 한꺼번에 수많은 길을 다 갈 수는 없다. 제한된 시간에 결정하는 길이다. 때마다 최선의 길 후회 없는 길을 선택할 수밖에 없고 웃는 날이 되기를 기대해 본다.

2017. 08. 06.

열대야와 새벽길

금년은 가뭄으로 못살게 굴더니 비가 내렸어도 엄청 덥다. 어제가 그 절정이었지 싶다. 곳곳에서 더위에 대한 수은주가 기록을 경신하였다는 보도이다. 선풍기는 더운 바람을 토하고 저녁에도 열기가 식을 줄을 모른다.

곧장 열대야로 이어졌다. 워낙 더우니까 잠들기도 쉽지 않다. 끈적끈적 편안할 리가 없다. 엎치락뒤치락 하다가 새벽까지 왔다. 04시 30분에 잠을 설치고 산책을 나섰다. 바깥은 아직 어둑어둑 하면서 밝아오지 않는다.

현관을 밀치고 나서도 바람 한 점 없다. 후텁지근하기는 마찬가지다. 목욕탕의 온탕에 든 것 같은 기분이다. 하늘을 본다. 저들도 잠을 이루지 못 했는가. 별이 끔벅끔벅 누군가를 기다리고 있는 것 같지만 서먹서먹하다.

무더위가 예년에 없이 기승을 부린다. 밀양은 39℃에 육박하고 대전도 36℃를 기록했다. 바람마저 어디로 몰려갔는지, 이글거리는 햇살에 무더위를 폭염이라 하기 부족해 가마솥더위, 찜통더위, 불볕더위 호칭도 많다.

폭염특보 중 폭염주의보는 하루 최고기온이 33℃ 이상인 상태가 2일 이상 지속될 것으로 예상될 때 발령하고, 폭염경보는 하루 최고기온이 35℃ 이상인 상태가 2일 이상 계속될 것으로 예상될 때에 기상청이 발령한다.

여름철이면 열대야로 시달림 받으며 밤잠을 설치고 있다. 열대야는 지구온난화와 엘리뇨 현상이 빚어내는 고온현상으로 폭염이 기승을 부리면서 오후 6시부터 다음날 오전 9시까지 최저기온이 25℃ 이상인 밤을 말한다.

집에서 도로 하나만 건너면 바로 버드내다. 고수부지는 수많은 시민이 산책하는 공원과 같은 곳이다. 몇몇이 오가고 있다. 저 사람들도 뜬눈으로 밤을 지새우다가 일찌감치 서둘러서 산책을 나오기는 마찬가지지 싶었다.

옆에서 냇물소리가 들려오지만 경쾌하지를 못하고 둔탁하다. 잠을 제대로 자지 못하여 심신이 고달프니 보고 듣고 느낌마저도 그리 달갑지가 않다. 폭우에 넘어졌던 갈대가 일어섰으나 구부정하면서 어딘가 엉성해 보인다.

길바닥에 물기와 함께 뿌옇게 깔려있는 어둠을 탁탁 걷어차고 밝으면서 냇물을 따라 내려간다. 한 시간쯤 가고 그만큼을 다시 되돌아와야 한다. 약간의 바람이라도 불어 살갗을 간지럽히면 좋으련만 너무 맨송맨송하다.

워낙 날씨가 무덥다 보니 냇가도 열대야에서 벗어나지 못하고 홍역을 앓고 있다. 하늘에 별들도 좀은 끈적끈적해 보인다. 젊은 여인의 생머리 같은 능수버들 잔가지가 축 늘어져 잔잔한 바람에도 출렁였는데 잠잠하다.

먹먹한 기분으로 반환점까지 갔다. 동쪽 하늘에 아침노을이 번진다. 불쾌한 구름이 깔리는가 싶더니 그도 잠시뿐 지워지고 흐린 하늘로 바뀌었다. 차라리 비나 펑펑 쏟아졌으면 시원할 텐데. 그런 낌새는 보이지 않는다.

날이 환하게 밝아온다. 일요일 아침임을 감안하면 개까지 데리고 산책 나온 사람들이 많을 텐데 텅 빈 것 같은 느낌이다. 아무래도 간밤의 혹독했던 열대야에 휩싸여 벗어나지 못하고 집안에서 머뭇거리고 있는가 보다.

약간의 바람이 스친다. 비로소 숨통이 트이는 것 같으며 마음이 산뜻해진다. 밤은 밤이고 아침은 아침이다. 어제는 어제고 오늘은 오늘이다. 새아침이 밝아오고 있는데 새로운 기분이 들어야지 모른 척할 수 없는 일이다.

다소 맑아진 정신에 새벽산책의 기분을 느끼게 한다. 생글생글 금빛 달맞이꽃과 하얀 개망초꽃이 냇물의 흐름을 지켜본다. 저 백로는 언제부터 저렇게 무표정한 모습으로 서있었는가. 강태공처럼 밤샘한 것은 아니겠지.

땀을 후줄근하게 흘렸더니 그래도 개운하다. 흐리터분함을 담아냈나 보다. 지금은 다소 괜찮지만 오늘도 어제 못지않다. 10시만 지나면 온도가 상승하고 있음을 느끼게 될 것이다. 아, 오늘밤의 열대야는 또 어이 하나.

2017. 08. 06.

말복날의 해프닝

오늘이 말복이다. 폭염으로 혼쭐나고 있는데 삼복더위 한 달이 막을 내리는 날이다. 그렇다고 금방 더위가 끝나는 것은 아니다. 그래도 더위가 절정기를 벗어나 한풀 꺾일 것이라는 기대감에 위안을 삼을 수 있다.

그만큼 한여름에서 가을이 가까워지고 있음을 의미한다. 과일나무 중 대추나무가 가장 늦게 7월 초순경 초복 임박해 꽃 피더니 벌써 제법 눈에 띄게 알이 굵어 추석을 염두에 두고 여물어가는 풋대추몸매가 되었다.

입추를 지나며 며칠 더위가 다소 느긋하더니 다시 후끈 달아올랐다. 명색이 말복인데 그래도 이름값을 하려나 보다. 푹푹 쪄대야 삼계탕, 추어탕, 장어구이, 영양탕 등 즐겨 찾는 보양식으로 한 몫을 잡을 것이다.

하늘은 가을을 준비하려는지 흰 구름이 많이 떠있다. 모자라도 써서 햇살을 가리면 그나마 덜한데 그냥 직사광선을 받으면 눈이 부신 것으로 끝나는 것이 아니라 머리가 팽그르르 돌 만큼 어질어질 현기증이 난다.

오후 4시쯤 되었다. 바깥이 침침하다. 언제 소집령을 내렸는지 검은 구름이 몰려들었다. 갑자기 우르르 쾅 한다. 순간 강렬한 불빛이라도 터트린 듯 하늘에서 온 세상을 번쩍 눈 깜짝할 사이 번갯불을 그었다.

사진관 스튜디오에서 사진 찍을 때 하나, 둘, 셋, 눈길을 한 곳에 모으며 펑 하고 터지는 플래시에 찔끔했었다. 이 세상을 누가 사진 찍고 있지는 않을 터다. 뒤이어 천둥소리가 고막을 찢을 듯 쾅 내리꽂는다.

순간 몸도 마음도 자동으로 움츠러들었다. 공포분위기에 죄인 되어 그동안 저지른 잘못을 고해성사하라고 다그치는 것 같다. 언제, 어디서, 누구에게, 무엇을, 어떻게, 왜 그랬는지 머릿속을 잽싸게 훑고 지나갔다.

잘못한 것이 떠오르지 않는다고, 있으면 용서해 달라고 하고 싶은데, 아직도 정신을 못 차렸느냐고 천둥이 더 강하게 내리꽂는다. 사실대로 말하면 용서를 받든지 즉결처분을 받든지 마음이라도 홀가분해질 것 같다.

가까운 건널목을 두고 도로를 무단횡단 했고, 침 뱉으며 돌아서 욕했고, 배불러도 굶는 사람 생각 않고 꾸역꾸역 먹었고, 길가 대추를 땄으며, 지나가는 여자가 예뻐 몇 번인가 쳐다봤고, 별별 것을 다 들먹거렸다.

그런 조잡스런 것 말고 진짜배기 큰 잘못을 말해보라고 하는 것 같다.

누군가 잘 되었을 때 즉시 축하하기보다는 조금은 시샘하였으며, 내가 못한 것을 아들에게 하라고 무작정 강요하며 한풀이 대리만족했다.

술좌석에서 그만 마시겠다고 하는데도 억지로 권하여 그 사람 곤드레만드레 부부싸움을 하게 만들었다. 누구와 말다툼을 하고 욕지거리를 하였다. 그러나 그것마저도 너무 오래되어서 기억이 좀 가물가물하다.

다시 꽈다당 내리 꽂는다. 진짜가 있기는 한데 말을 하여야 하나. 아니다. 죽는다 해도 무덤까지 가지고 가기로 했는데, 이래 죽으나 저래 죽으나 마지막 약속이라도 제대로 지켜야지. 끝까지 잡아떼며 버티는 거다.

창밖 정원에 크고 작은 나무들이 춤을 추는 것인지, 벌을 받고 있는 것인지, 나뭇가지가 있는 대로 뒤흔드는 것으로 부족해 몸까지 이리저리 비틀리고 휘어진다. 단순한 체벌을 넘어 아주 지독스런 고문이다.

저렇게 정신을 못 차리도록 심하게 흔들어대다가는 몸이 견뎌내기 어려워서 곧 사단이 나지 싶다. 금방 우드드득 소리가 나는 것 같다. 삭정이가 부러지고 튼튼하던 가지가 찢어지면서 나무는 안간힘에 요동을 친다.

어느 그늘에서 낮잠이나 자거나 노닥거리다 천둥소리에 놀랐는지, 바람이 엉겁결에 이리저리 휘젓고 다니며 설쳐댄다. 닥치는 대로 밀고 밀치면서 내달음질치고 못살게 군다. 와중에 나무와 풀만 죽을 맛이 되었다.

드디어 기다렸다는 듯이 빗줄기가 쏟아진다. 빗줄기가 바닥을 치면서 부서지고 다시 모여 우르르 몰려다닌다. 삽시간에 성난 군중처럼 흙탕물이 되었다. 점점 불어난 물은 너저분하던 쓰레기와 함께 냇물이 되었다.

냇물은 불어나 으르렁거린다. 모처럼 부듯하게 가득 채우고 기세등등한 혁명군 같다. 길길이 자란 풀은 무참하게 넘어지고 물속에 깔리고 말았다. 이의를 제기하거나 사정할 틈새도 없다. 이미 질서 같은 것은 없다.

저렇게 넘쳐흐르니 낯선 냇물이고 강물로 무섭다. 허기졌던 배를 가득 채우고 거드름을 피우며 힘차게 버드내로 흐르다 금강이 되고 끝내는 충청의 젖줄 금강으로서 소임을 다하고 서해 바닷물이 되고 싶을 것이다.

흐렸던 하늘이 개이면서 그렇게 다그치며 호령하고 겁을 주던 번개와 천둥이 슬그머니 자취를 감추었다. 쏟아지던 빗줄기도 덩달아 멎었다. 망나니 같던 바람은 이미 멀리 달아나고 혼 빠졌던 나무들은 조용해졌다.

한여름의 날씨는 이처럼 돌변한다. 국지성 폭우가 내렸다고 한다. 여름소나기는 소잔등을 두고도 한 쪽은 비에 젖어 축축하고 한 쪽은 뽀송뽀송하다. 비를 맞는 경계가 분명하다. 언제 그랬느냐는 듯 시침을 뗀다.

어쨌든 그래도 시원해져 좋다. 주변이 다소 어수선해도 한바탕 하늘의 불벼락 같은 호령에 납작 엎드려서 쩔쩔매며 스스로 자신을 심판하다 풀려났다. 곱게 살겠다는 마음속 다짐에 다소곳해 보였지만 얼마나 갈까.

한순간 공포의 꿈속을 헤매다 깨어난 것 같은 대낮이다. 다소 어리둥절하면서도 시달렸던 나무들이 잔뜩 물을 머금고 생기를 토하며 산뜻하다. 맑게 쏟아지는 햇살도 많이 부드러워진 오후다. 말복날 해프닝이었다.

2017. 08. 11.

입장을 바꾸면 보인다

자연은 인간이 부족해 보여도 끝내 뭐라고 한 마디도 할 수 없어 그저 바라만 보고 있을 것이다. 일방적으로 당해도 한 발자국 옮겨갈 수 없으니 어쩔 수 없다. 그게 아닌데 하면서도 숙명으로 받아들일 수밖에 없다.

이미 정해진 수순이다. 길이 곧고 넓으며 평탄하기만 하랴. 좁고 험하고 비탈진 길이 있는가 하면 그마저 호사스럽다. 심하면 한 방울 물기를 찾아 바위 위를 헛발질하다 가까스로 발을 뻗어 뿌리를 내리기도 한다.

어디는 웅덩이고 어디는 물 한 모금 없는 척박한 돌밭이다. 그래도 마지막 순간까지 좌절하지 않고 푸름의 끈을 놓을 수 없다. 생명의 줄 목숨의 끈이기 때문이다. 세상사 순리에 따라 슬기롭게 풀어내는 자연이다.

삶의 현장은 조용한 듯싶어도 아주 치열하다. 약육강식하며 적자생존 하지만 그래도 외관은 아주 평화로워 보인다. 굳이 심고 가꾸거나 저장하지 않아도 사계절을 거뜬하게 이겨내면서 살아가기에 부족함이 없지 싶다.

웃을 수 있는 여유만 있어도 살 만하여 괜찮다. 얼굴을 환하게 펴고 여유롭게 지내야 한다. 하루해도 길어졌다가 점점 짧아지고 계절의 변화가 역력해지면 초목은 자연스럽게 그에 걸맞은 준비를 서둘러 하고 있다.

계절은 시계바늘 돌아가듯 사계절이 반복되어 오고 가지만 그 속에서 살아가는 생명체는 삶을 되돌릴 수가 없다. 푸르면 푸른 것으로 같지 싶어도 같을 수가 없다. 오로지 앞만 바라보며 다른 것들과 뒤섞여서 간다.

그래도 질서가 유지되고 평화로움이 존재한다. 초목은 새가 쪼고 벌레가 갉아먹고 바람이 밀쳐대며 가뭄에 시달리다 장마가 몰아쳐도 어쩔 수 없이 한 곳에서 고스란히 당하지만 동물은 잽싸게 피해 다닐 수 있다.

바위나 묵은 나무 둥치에서 이끼가 모여 살고 모래밭에 개미가 오가며 물속에서는 물고기가 태평성대이지 싶지만 그들도 천적의 눈초리에서 벗어나야 한다. 언제 어디서나 목숨을 앗아가려는 위험이 도사리고 있다.

땡볕은 땡볕대로 좋고 그늘과 습지는 그들대로 적당한 환경을 형성하면서 즐겨 찾는 무리들이 있다. 더부룩한 풀숲이나 나무숲은 푸르름이 넘실거리며 그런 환경에 알맞은 새가 살고 수많은 벌레가 모여들어 산다.

앞에 간다고 꼭 먼저 보고 떨어뜨린 것을 먼저 줍는 것은 아니다. 그것도 인연이라고 숱한 사람이 지나다녀도 뒤늦게 눈에 띄기도 한다. 볼 수 있을 만큼 보이고 아는 만큼 보이듯이 관심 있는 만큼 가까이 다가선다.

쓸데없는 높은 콧대 자존심을 내려놓고 자연 속에서 힐링한다. 자연이 이랬다저랬다 변덕을 부리는 것이 아니다. 핑계를 대며 자연에게 미루고 있는 것이다. 자연이 늘 곁에 있어 도움을 주어도 곧 잊고 있는 것이다.

자연 속에 들면 자연이 다정하게 다가와 은밀한 메시지라도 전해주지 싶다. 잡념 같은 것이 사라지며 행복감에 젖어들기도 한다. 자연의 일원으로 고마움과 함께 곱게 가꿀 줄 알아야 한다. 그것이 최소한의 도리다.

모처럼 나들이를 나와서 기분 좋게 즐기고 간다. 가면서 쓰레기를 치운다든지 너저분하게 늘어놓았던 것들을 본래대로 해놓으면 좋으련만 언제 다시 오겠느냐는 식으로 지저분하기 짝이 없게 해놓고도 몰라라 한다.

다른 유원지 같은 곳에서 다소 마음에 차지 않으면 정말 무질서하고 지저분하다고, 이래도 되느냐고 앞장서서 불끈불끈 불만을 터뜨린다. 자신이 머물던 자리는 더 엉망일 수 있음에도 왜 그렇게 뻔뻔스런 얼굴일까?

화장실 갈 때 마음과 돌아올 때 마음이 싹 달라진다고 한다. 다급할 때는 금방 뭐라도 할 듯싶다 볼 일 보고나면 느긋해져 언제 그랬느냐는 듯 마음이 돌변하게 된다. 역지사지라고 했다. 입장을 바꾸면 잘 보인다.

2017. 08. 23.

우산에 대한 갈등

연일 비가 온다. 장마철 지난 지가 언제인데 어찌 보면 철딱서니 없는 비다. 냇물이나 강물은 많아져 좋아할지 몰라도 주책없이 비가 온다. 문 안드리듯 온다. 늦었지만 지금이라도 다행이다 싶을 때 오면 좀 좋으랴.

안 오다 한꺼번에 와도 연중 강우량은 같을지 모른다. 그러나 꼭 필요한 시기를 비껴서 오면 사정은 달라진다. 그 가치나 의미가 줄어든다. 단순히 비가 내린 양만 가지고는 모른다. 겉만 보고는 평가를 할 수 없다.

모든 일에는 때가 있다. 해야 할 때가 있고 꼭 필요로 하는 때가 있다. '같은 값이면'이란 말이 있다. 똑같은 일을 해도 필요할 때 해야 한다. 해도 그만 안 해도 그만이거나 때로는 할수록 오히려 부담만 주기도 한다.

없느니만 못 하다고 한다. 있을수록 피해만 주고 말썽피워 골머리를 아프게 한다. 요즘 내리는 비가 그렇다. 논이나 밭에 도움이 안 되고 귀찮게 한다. 벼이삭이 올라오고 과일이 여물어 가며 따가운 햇살이 필요하다.

그런데 하늘이 하는 일을 그 누가 감히 막으랴. 그저 처분만 바라는 입장이니 답답하다. 때로는 짜증 아닌 짜증까지 부리게 된다. 하지만 이러다 한동안 비가 아니 오게 되면 머지않아 한숨소리가 다시 들려올 것이다.

물은 없거나 부족해도 아우성이지만 너무 많아 넘쳐도 야단법석이다. 결국 알맞아야 하는데, 사람 사는 세상 입맛대로 마음에 쏙쏙 들도록 할 수만은 없다. 그래서 항상 긴장하며 살아간다. 비 타령도 잠시일 뿐이다.

시내에 볼 일이 있어 버스를 탔다. 갑자기 비가 쏟아진다. 우산을 준비하지 않아 조바심이 났다. 다행히 목적지에 차가 도착할 즈음 내리던 비가 멎고 날이 갰다. 우산을 갖고 당당해 보이던 사람이 오히려 머쓱해졌다.

아직은 어둑어둑한 새벽녘에 산책을 나간다. 간밤에 비가 다소 내리다 멎어서 바닥이 축축하다. 하늘을 보니 비가 올지 안 올지 애매하다. 2시간 거리에 우산을 준비할까 하다가 당장은 오지 않으니 그냥 길을 나섰다.

가면서 냇가에 풀은 싱글벙글 초롱초롱하다. 길길이 자란 갈대가 맥없이 넘어졌다가 슬며시 일어섰다. 푹푹 찌는 날씨에 강수량이 많으니 열대성기후를 선호하는 풀은 제 철 만난 듯 무성하게 자라 힘껏 기를 펼친다.

오가는 사람을 살펴본다. 열 명 중 여덟 명은 우산을 준비하였다. 나머지 두 명은 반신반의하면서도 홀가분한 기분으로 발걸음을 내딛는다. 그런데 반환점을 돌아오는데 빗방울이 뚝뚝 떨어지다가 기어이 비가 쏟아진다.

우산을 펴든 사람은 아무렇지 않게 계속 걸어간다. 우산을 준비 안 한 사람은 다행히 가까운 다리 밑으로 잽싸게 비를 피한다. 다리 아래 쉼터로 잘 정비해 들마루와 의자가 준비되었고 많은 사람이 휴식을 취하는 곳이다.

우산 하나가 뭐라고, 값으로 치면 불과 몇 천원이다. 그런데 지금 이 순간은 마치 가진 자와 못 가진 자의 서러움을 대변하는 것 같다. 우산이 뭐 그리 무겁고 성가시다고 준비하지 않아 봉변 아닌 봉변을 당하나 싶다.

우산을 받고 빗속을 가는 뒷모습을 멀건이 바라본다. 우산에 부딪는 빗소리를 들으며 가는 사람은 당당해 보인다. 보다 낭만적이라고 할까? 땀에는 흠씬 젖어도 비에 젖는 것은 싫어 우산을 받는다. 땀과 빗물은 다르다.

쉼터에서 쏟아지는 비를 바라본다. 하늘에서 내리꽂는 빗줄기는 마치 잘 훈련된 병사와 같다. 바닥에 나뒹굴다가 잽싸게 모여들어 함께 흘러간다. 무리지어 점령군처럼 콸콸 소리까지 내지르면서 일사불란한 모습이다.

비는 곧 그치고 비를 피했다. 오늘은 공평했지 싶다. 우산을 준비한 사람에게는 우산을 펼칠 기회를 주었고, 준비를 안 한 사람은 비가 금세 멎어 그런대로 명분을 찾을 수 있었다. 한 개의 우산이 갈라놓은 시간이었다.

어깃장 같다. 평소 우산을 준비하면 날이 개어 우산이 필요치 않은 애물단지가 되고, 우산을 준비하지 않으면 비가 내려 조바심에 잠시나마 혼란스럽게 한다. 우산은 망설이다 그날 기분 따라 즉흥적으로 판단할 뿐이다.

최근 5년간 기상청 강수유무예보 적중률이 발표되었는데 불과 46%에 그쳤다. 천리안위성1호를 쏘아 올렸고 최신장비를 구입하였으나 천리안위성이 매일 보내온 기상관측자료가 활용할 프로그램이 없어 무용지물이었다.

하물로 육감으로 비가 올지 안 올지를 정확하게 집어내기에는 애당초 무리수였다. 앞으로도 날이 꾸물거리면 얼른 확신이 서지 않아 습관처럼 머뭇거리며 오늘 같이 우산에 대한 갈등은 계속 이어질 수밖에 없지 싶다.

2017. 08. 24.

좋은 말 좋은 이름

개똥벌레는 반딧불이로 개똥하고는 아무 관련 없다. 그런데 마치 개똥에 뒹구는 것 같은 혐오감을 준다. 오히려 1급수 청정지역에서 다슬기를 애벌레의 숙주로 하여 살다보니 농약이나 환경의 오염으로 멸종위기에 처해 있다. 쇠똥에 나뒹구는 쇠똥벌레와는 다르다.

쥐똥나무가 있다. 봄의 끝자락에 하얗게 꽃이 피고 향기가 좋으며 청순함이 묻어난다. 공해에 강하고 울타리용으로 많이 심는다. 그런데 뜬금없이 하필 쥐똥나무라니. 이 또한 혐오감을 주기는 다를 바가 없다. 다만 그 열매가 익으면 새카만 것이 쥐똥을 닮았을 뿐이다.

매사 선입감이 많이 작용한다. 앞뒤를 살펴볼 겨를도 없이 그럴 것이라고 쉽게 단정 짓는다. 그러다 보니 엉뚱한 일이 벌어지고 오해를 불러오기도 한다. 이름은 아주 중요하다. 그 사람을 대신한다. 누구라고 이름이 나오면 선뜻 그 사람의 얼굴이 떠오르지를 않는가.

이름 때문에 스트레스를 받아서 개명하기도 한다. 웃음거리나 혐오스러운 모습을 보이는 것은 바람직하지 않다. 물론 그럴 것이라는 선입감에 얕잡아보거나 무시하는 태도도 결코 좋은 모습은 아니다. 그런 이름이 붙을 때는 그만한 연유가 있어 오히려 관심사항이다.

가끔은 대충대충 지레짐작하기도 한다. 하지만 모두가 짐작과 같은 것은 아니다. 그래서 더 이름은 조심스러운 것이다. 이름만큼 성스럽고 정성을 다하는 경우도 드물다. 누가 귀한 자식 이름을 아무렇게나 짓고 싶겠는가. 좋은 이름을 지어서 불러주고 싶을 것이다.

동식물도 그렇다 그냥 평범하면 오히려 분간하기 어렵고 혼란을 가져오기도 한다. 그 특징을 잘 파악하여 그랬구나 하는 긍정적인 답을 구하고 싶은 것이다. 그래서 때로는 그를 연구하여 발명하였거나 혹은 발견한 사람이나 만든 사람의 이름을 따서 붙이기도 한다.

자의적인 해석이나 엉뚱한 생각에 왜곡하는 일이 있다. 개똥벌레 하나를 예로 들어도 알 수 있다. 개똥벌레는 집단으로 서식하여 외롭지 않다. 친구가 없는 것이 아니라 수많은 무리가 어우러져 군무를 추는 모습은 별이 빛나는 여름밤 하나의 축제가 되기도 한다.

이따금 초등학교동창을 떠올려본다. 졸업 후 이런저런 사유로 만나지 못하다가 수십 년 만에 이름을 듣는다. 크게 성공하여 큰 회사 사장으로 돈을 많이 벌었다고 하고, 정가에서 큰 인물이 되었다고도 한다. 그런데 자꾸 코를 찔찔 흘리던 앳된 초등학생만 떠올린다.

초등학교 때 모습에서 멎으면서 모든 것을 찾으려고 한다. 선입감에 갇혀서 도저히 납득이 안 된다는 눈치다. 그간 많은 세월이 가고 더 많은 노력으로 바뀌었음을 간과한다. 산골짜기 빗방울 하나가 끊임없이 흐르고 흘러 냇물이 되고 강물이 되고 바다가 된다.

이름은 사물을 대신하는 대명사다. 죽을 때까지 따라 다니는 이름이다. 너무 가볍게 느껴져도 안 되고 어떤 터무니없는 연상으로 웃음거리가 되어도 안 된다. 유명인의 이름으로 너무 무게가 실려도 좀은 그렇다. 그만큼 좋은 말 좋은 이름이면 싶지만 쉽지가 않다.

살아가며 이름 때문에 수치심이나 수난을 겪는 일 없이 자부심을 가질 수 있으면 좋다. 일생을 함께할 이름 아닌가. 한 번 들어 잘 잊히지 않고 오래도록 기억될 수 있고 고상함까지 곁들여 있으면 좋다. 하지만 이미 정해진 수많은 이름 속에 마음처럼 떠오를까.

때로는 사후에도 남아있을 이름이고 보면 가볍게 넘길 일은 아니다. 그래서 젊은 부부도 아이가 생기면 어떤 이름이 좋을지 고심에 고심을 거듭하기도 한다. 그런데 집안에서 이미 사용 중이거나, 문중의 돌림자까지 반영하다 보면 크게 벗어날 수 없어 만만치 않다.

산과 들에 자라는 개불알꽃이 있다. 그 중에 광릉요강꽃, 털개불알꽃, 노랑개불알꽃도 있다. 점잖은 자리에서 선불리 부르기에 좀은 그렇다. 초여름 냇가 풀숲에 핀 샛노란 애기똥풀은 그래도 좀 낫다. 애기 똥은 그렇게 거부감을 느끼지 않기 때문이기도 할 것이다.

이처럼 부르기에 괜스레 쑥스럽고 듣기에 어딘가 거북스러운 이름도 있다. 물론 사람 이름은 고유명사로 그 사람만을 지칭한다. 하지만 다른 것과 연상 작용을 하고 퍼뜩 선입감처럼 스쳐가며 엉뚱한 상상력과 기억력이 뒤엉키면서 황당무계한 일이 생겨나기도 한다.

대개는 좋은 방향보다는 나쁜 방향으로 흘러가면서 걸림돌이 되고 있는 것이다. 대중에는 수수꽃자리(라일락), 까투리와 장끼, 버드내처럼 정감이 묻어나서 불러보고 싶은 이름도 있다. 사람 이름도 마찬가지다. 눈여겨볼 만한 순수 우리말 고운 이름도 많이 있다.

유등천은 버드내, 대전은 한밭이듯 금강은 비단강이다. 금강 천리 길을 내닫노라면 굽이굽이 펼쳐지는 풍경이 얼마나 아름답고 정겹게 다가서는지. 금강유역 한밭의 사람들! 참 좋은 이름의 강과 참 좋은 이름의 도시에서 참 좋은 사람들이 살아가고 있다 할 것이다.

2017. 08. 31.

작아도 모이면 힘이 된다

자연은 누구에게 특별히 자랑하기 위해 있는 것이 아니다. 찬찬이 들여다볼수록 신비감이 넘친다. 그저 하나하나가 감탄스러울 따름이다. 미처 몰랐거나 잊고 있었던 것들이 새록새록 되살아나듯 눈앞에 펼쳐진다.

풀숲만 들여다보아도 상상을 초월한 일들이 벌어진다. 가는 곳마다 생명력의 귀중함이 느껴진다. 발밑에서 꿈틀꿈틀 자연이 살아 숨 쉬고 있다. 시기를 골라 새싹이 돋아나고 꽃을 피울 준비를 하고 있는 것 같다.

자연이 건강해야 많은 생명들이 살고 생명이 살아야 사람이 살아가기 좋은 환경이 된다. 맑은 물이 흐르고 맑은 공기가 넘치는 친환경적이어야 먹거리가 늘어나며 보다 정서적으로 안정을 찾는데 큰 역할을 한다.

아프니까 살아있고 사람이니까 아프다. 사람이 살아있으니까 아픈 줄을 안다. 거대한 바위가 조약돌이 되도록 깎이고 굴러간들 아프다고 하겠는가. 초목의 가지가 부러진들 아프다고 하겠는가마는 사람은 다르다.

이처럼 가장 강한 듯싶은 사람이 가장 아파한다. 강한 것에 강하고 약한 것에 약하다. 가장 미생물인 곰팡이 같은 균에 꼼짝 못하고 고스란히 당하기도 하지만 호랑이를 잡고 사자를 잡는 용감함을 지니고 있다.

별것도 아닌 것을 가지고 짜증내고 다투기도 한다. 느낌 같은 감정이 있기 때문이다. 사람은 감정이 있는 동물이다. 감정이 지나치면 주체할 수 없어 감정적인 문제가 생긴다. 감정을 잘 추스르고 다스려야 한다.

작은 풀 한 포기가 귀하고 꽃 한 송이도 화려하다는 마음가짐에서 보면 그렇게 보인다. 그러나 대수롭지 않게 보면 또 그렇게 보인다. 아무렇지 않게 지나쳐도 그만이다. 누가 시비 걸거나 뭐라고 하지 않는다.

자연을 제대로 보고 느낄 수 있어야 한다. 저마다 의미를 담고 있다. 그냥 허투루 있는 것은 없다. 그 의미를 찾아보는 것은 촌스러운 것이 아니다. 필요에 의해 존재하며 그 어딘가에는 쓰임새가 있을 것이다.

세상은 아는 만큼 보인다고 했다. 보고도 보지 못하는 것은 참으로 안타까운 일이다. 있는 그대로 보고 생각할 수 있으면 된다. 마음까지 얹어 보게 되면 더 좋은 모습이 될 수도 있다. 그 가치를 느낄 수 있다.

가을이 되면 갈 길이 바쁜지 갓 올라온 풀줄기에서도 성급하게 꽃이 핀다. 풀이 있고 꽃이 있는 곳에 벌 나비 개미뿐만이 아니라 또 다른 생명들이 모여든다. 그들이 살아가기에 풍부한 먹잇감이 있기 때문이다.

가을은 거두는 계절이다. 자연은 겉보기에 자꾸 변하고 바뀌어도 근원은 여전히 멈추지 않고 숨을 쉬고 있다. 자연은 주위를 정화시키며 수많은 생명들을 푸근하게 품에 안는다. 사람도 그 중에 하나라 할 수 있다.

가을은 먹을거리가 넘쳐나지만 겨울을 준비하는 계절이다. 모두 내려놓고 떠나갈 준비로 바쁘다. 무성한 잎은 화려한 단풍으로 변신하고 미련 없이 버릴 줄 알기에 가을이 더 아름답다. 그만큼 가을이 소중하다.

천리 길을 흐르는 금강이 그냥 아무렇게나 단숨에 쭉쭉 뻗었으랴. 그렇지 않다. 상류에서부터 수없는 물줄기가 사방팔방에서 모여든다. 티끌 모아 태산이 되듯 한 방울의 물까지도 기꺼이 받아들이며 보탬이 된다.

금강의 발원지는 뜬봉샘으로 알려졌지만 천리 충청의 젖줄로 흐르면서 어찌 그 하나뿐이랴. 여기저기 산자락 계곡마다 실핏줄 같은 물줄기가 모여서 흐르며 나름 그쪽 방향의 발원지라고 하여도 손색없을 것이다.

수백 년 거대한 나무가 벌렁 누워있다. 잔가지가 모여 중간 가지가 되고 큰 가지로 이어지며 몸통으로 모여 큰 나무가 되었다. 물도 이 계곡 저 계곡에서 모여들고 합쳐져 큰물로 흐른다. 작아도 모이면 힘이 된다.

2016. 10. 09.

5부

자연은 자연 속에서 자연스럽다

자연은 자연 속에서 자연스럽다

강과 산은 환경의 중요한 축을 이룬다. 사람은 환경의 영향을 많이 받으며 적응하려 한다. 공기와 함께 물은 동식물 같은 생명체에게는 절대적으로 필요하다. 예로부터 큰물(강)가에 사람들이 모여 살며 진화하여 왔다.

금강유역에도 많은 사람들이 몰려들다 보니 자연은 갈수록 짓밟힐 수밖에 없었다. 서민들의 크고 작은 숨결은 당장의 편리성을 좇아 망설임 없이 버리거나 관리소홀로 옛 모습이 흔적조차 없어진 곳이 많아 아쉬웠다.

역사를 스스로 없애버린 것이다. 새로운 것도 좋지만 역사는 곧 선조를 알 수 있는 뿌리이기도 하다. 문화유산은 만들어지기도 어렵지만 한 번 관리를 잘못하여 없어지면 다시는 되돌릴 수 없어 그대로 단절되고 만다.

그간 산은 수없이 찾았어도 강은 소홀했다. 찾는다 해도 유원지를 벗어나지 못하고 강은 그저 많은 물이 흐르는 곳 정도로 알고 있었다. 그러나 강에는 수많은 생명체가 살고 있고 젖줄의 역할로 환경을 유지하고 있다.

굽이굽이 흐르면서 지금껏 주변의 빼어난 모습을 고스란히 간직하고 있어 감탄을 자아내는가 하면 보기에도 민망할 만큼 심하게 훼손되어 그 자취마저 좀처럼 찾아보기가 어려운 아쉬움에 순간적 분노를 느끼게 한다.

강물은 당연히 있는 것이고 있음으로 먹으면 되는 것으로만 알았다. 그러나 갈수록 고갈되고 오염되어 물이 있어도 먹을 물이 없다고 한다. 정수기를 놓거나 못미더워서 아예 구입해서 먹는 경우가 점점 늘어나고 있다.

돌아보면 가정에서 마시는 물 한 컵이나 흘려보내는 폐수 한 방울도 직간접적으로 금강과 연결되고 있었다. 대수롭지 않게 여겼으나 합쳐지면 만만치 않기에 이제는 가정에서부터 금강 살리기에 앞장 서야 할 때이다.

작은 빗방울 하나는 별 것 아니지만 그것이 모여들어 한꺼번에 흐르면 성난 군중과도 같다. 장마 때면 물난리를 겪는데 직접 당해본 사람도 있을 것이다. 작아도 작지 않은 거대한 괴물이 될 수 있음과 다름이 아니다.

강도 자연의 일부다. 아무리 좋은 일이나 서글픈 일도 알지 못하면 그

뿐이다. 하지만 주변을 속속들이 들여다보듯 친절하고 세세한 해설을 들으면서 금강은 물론 환경의 중요성과 생명체에 대한 인식을 달리하게 되었다.

아무리 강변에 억새밭을 만들고 나무를 심어 숲을 조성하고 싶어도 가뭄에 억새꽃이 피지 않아 축제를 열지 못하고, 나무가 적응하지 못하고 죽어버려서 텅 빈 모습이 씁쓸하게 하였다. 자연에 미치지 못하는 것이다.

금강하구둑을 막아 바다와 강물이 자연스럽게 만나지 못하여 뱀장어 우어 참게가 오가들 못하여 멸종되어 간다. 흔한 갈대마저 소금을 뿌려 보호를 한다고 하니 생태계 파괴로 심각한 환경변화가 우려될 수밖에 없다.

아무래도 사람이 우선이다 보니 살아가며 불편하다고 마구 뜯어고치고 확장을 하면서 알게 모르게 자연을 훼손하게 된다. 최대한 억제하고 자연은 자연으로서 있는 그대로 보존하는 것이 가장 자연스럽게 보일 것이다.

아파트 정원에 깊은 산속 큰 나무를 옮겨 심고 함께 산다고 한들 나무는 좋아 하지 않을 것이다. 멀쩡한 가지를 자르고 비비꼬며 분재를 만들면 나무에게는 고통일 것이다. 아무리 손질한들 자연에게는 아픔일 수 있다.

사람의 발길보다 잽쌀 수 있으랴. 사람의 손길보다 매울 수 있으랴. 사람의 입김보다 독할 수 있으랴. 마음만 먹으면 발길이 미치지 않는 곳이 없고 손길이 닥치는 대로 마구 헤집고 입김으로 이리저리 휘저어 놓는다.

금강유역에는 수많은 사람이 살아오면서 백제라는 꽃을 피웠으며 지금에 이르고 있다. 생명은 유한한 목숨으로 생을 마감하거나 다른 곳으로 떠나가지만 금강은 변함없이 흘러왔고 앞으로도 수수만년을 흘러갈 것이다.

자연은 갈수록 곳곳에서 심하게 훼손되며 신음하고 있다. 또한 섣부른 난개발로 오히려 미관을 해치는 것은 물론 몸살을 앓고 있다. 자연은 자연에게 맡겨두는 것이 가장 자연을 아끼면서 사랑하는 것이 아닌가 싶다.

금강이 새삼스럽게 고마울 수가 없다. 자연은 어느 특정인이나 어느 세대가 독점하여 마음대로 할 수 있는 것이 아니다. 현재 세대만이 아닌 다음 세대도 함께 누려야 할 자연유산으로서 잘 이용하다가 넘겨주어야 한다.

평소에는 강은 그저 강일 뿐 별다른 감흥이 없었으나 해설사의 해박한 지식에 구수한 설명으로 곳곳에 담겨있는 조상의 숨결과 애환을 들으며 금강을 다시 돌아보고 생각하게 되었다. 확실히 아는 만큼 보이지 싶었다.

2016. 11. 15.

한밭벌의 하천들

대전에 경부선(1905년)과 호남선(1914년) 철도가 개설되었다. 회덕군 산내면에 대전리가 포함되어 있었던 1915년에 6천여 명이던 인구가 1932년 공주에서 대전으로 도청을 옮겨오면서 3만여 명으로 급격하게 늘었다.

1936년 서대전역이 개설되고 1989년에 직할시로 승격됐다. 1994년에 광역시로 바뀌었고 동구, 서구, 중구, 대덕구, 유성구 등 5개의 구청을 두었다. 한밭이라 불리던 작은 마을이 교통의 요지로 대도시가 형성되었다.

80년만인 2012년에 충남도청이 홍성 · 예산의 내포지역으로 다시 옮겨가고 세종특별자치시가 생겨 대전 인구는 150만여 명을 유지하고 있으나 서울, 부산, 인천, 대구에 이어 불과 1세기 안팎에 5대 도시로 발돋움하였다.

대전은 크고 작은 산으로 둘러싸인 분지형으로 일찍이 한밭으로 불리기도 하였다. 금강, 갑천, 유등천이 국가하천이고 대전천 등 지방하천이 무려 100여 개나 된다. 그 중 대전천, 유등천, 갑천은 대전의 3대 하천이다.

도시지역을 흐르는 하천은 미관상 콘크리트나 돌로 제방을 깔끔이 쌓았다. 물길이 곧게 흐르도록 바닥을 평평하게 골라 여울물소리가 들리지 않는다. 보를 설치해 물고기의 자유로운 이동을 막고 자연계가 파괴되었다.

대전천은 대전광역시 동구 하소동 만인산 동쪽 계곡에서 발원하여 대전 구도심의 목척교를 통과하고 서구 삼천동(둔산동으로 개명됨) 인근에서 유등천과 합류하는 길이 22.4km의 지방하천으로 금강의 제3지류가 된다.

유등천은 금산군 진산면 월봉산(543m)자락에서 발원하여 59.5㎞를 흐르는 금강의 제2지류인 국가하천이다. 우리나라는 물론 세계에서 하나뿐인 침산동의 뿌리공원과 건너편 효마을로 흐르다가 대전 중심부를 관통한다.

유등천은 버드나무와 관련하여 버드내로 불린다. 대전광역시 중심부를 관류해 동서의 중구와 서구로 나뉜다. 삼천동 인근에서 대전천과 합류하고 다시 대화동 북쪽에서 갑천과 합류하면서 유등천은 갑천의 지류가 된다.

갑천은 대둔산 수락계곡의 신선샘과 태고사 주변 장군약수에서 발원

한다. 논산 벌곡과 구봉산 너머 물돌이마을 노루벌을 거쳐서 유성으로 들어온다. 유등천과 합류하고 다시 문평동서 금강과 합류, 금강의 지류가 된다.

대전천과 유등천을 흡수한 62.7㎞ 갑천의 물길이 금강으로 바뀌면서 갑천은 금강의 제1지류가 된다. 새로운 나루터(새일)라는 신탄진이 생겨났다. 대전의 모든 하천은 끝내는 금강이라는 이름으로 흘러가고 있는 것이다.

이처럼 분지형인 대전은 대전천 유등천 갑천의 3대 하천을 중심으로 크고 작은 하천의 물이 모여서 한밭벌을 적시고 수많은 생명을 길러낸다. 뿐만 아니라 도시의 숱한 오폐수를 담아내는 하수구역할도 함께하고 있다.

하천(강)은 산과 불가분의 관계다. 하천 주위에는 유성온천을 비롯하여 계룡산국립공원, 대둔산도립공원, 보문산공원이 있고 육해공군의 본부와 대덕연구단지도 있으며 특히 금강의 대청호가 든든하게 자리를 잡고 있다.

빗방울 하나가 모여 지류를 이루고 강물이 되기까지 숱한 애환을 담는다. 바짝바짝 타들어가는 긴 가뭄에 냇바닥은 드러난다. 비단 농민뿐만 아닌 시민 모두가 고통을 겪어가며 먹을 물마저 부족해 시달림을 받기도 한다.

그런가 하면 홍수로 물이 한꺼번에 몰려 손쓸 틈도 없이 떠내려가 생명까지 위협을 받기도 한다. 그러나 물은 야속할 만큼 말이 없다. 넘치면 흐르고 부족하면 잦아들어서 그냥 있는 그대로 드러내므로 하늘만을 바라본다.

그래도 모든 생명체는 잘 견뎌내었고 진화하였다. 그런데 자연이 자꾸 오염되어 위협을 받고 있다. 금강도 예외는 아니지만 백제의 수도였던 공주와 부여를 뛰어넘어 대전은 대도시로 성장했고 세종은 행정수도가 되었다.

2017 08. 29.

대청호를 거닐며

삼백여 년 괴목은 몸통의 절반을 외과수술 받았다. 한 때는 근엄한 성황당 당산나무로 이곳 원주민의 애환을 꿰고 경외감의 대상으로 거대하게 보였을 터이지만 화려함이나 당당함은 없고 허탈하니 안쓰럽고 쓸쓸하다.

어언 30여 년이 흘러 뒤안길 발자취가 되었다. 수몰 전에는 이곳도 옹기종기 마을이 있었고 오순도순 살아갔으리라. 이제는 수몰민이라는 이름으로 모두 뿔뿔이 흩어지면서 그들의 조상들만 고향을 끝까지 붙들고 있다.

문전옥답은 저 시퍼런 물속에서 한마디 말이 없고 오로지 여기저기 묘들만 잘 꾸며져 있다. 이제 산 자의 고향이기보다 죽은 자의 고향이지 싶도록 아늑하다. 넘치는 한가로움에 여유가 깃들어 멋들어져 보이기도 한다.

산속을 거닐다 물 가까이 다가서 조망을 하노라면 호수는 끝을 모르게 산자락을 감돌며 뻗어나갔다. 파란 하늘 아래 물길은 깊어 시퍼렇다 못해 검고 숲은 녹음으로 짙푸르다. 마음은 어느새 슬금슬금 풋내를 토해낸다.

다시 굽이굽이 돌다보면 닥나무도 있고 호수 너머에 그림 같은 빨간 집이 들어온다, 저곳이 들러볼 한지마을이다. 피를 멈추게 한다는 피막이풀에 금세 작은 나팔소리라도 들려올 듯싶은 연분홍빛 메꽃이 천연덕스럽다.

발길은 사뿐사뿐 큰 길을 거침없이 따라가기도 하고 숲속에 오솔길을 걷기도 하고 호숫가를 산책하듯 거닐기도 한다. 아직도 숲속에는 낙엽이 수북이 쌓여 바스락바스락 발걸음이 초록의 물결에 뒤섞여서 좀은 어색하다.

이름에서 풍기는 이미지와는 달리 우아한 모습의 화환처럼 눈부시게 하이얀 으아리꽃이 바닥에 넝쿨지고, 붉은 빛깔의 땅비싸리꽃, 시원시원해 보이면서도 막상 눈빛을 마주하기에는 느끼하니 끈적거리는 엉겅퀴꽃도 있다.

야생 곰보배추가 꽃을 피우고 은방울꽃이 바람에 은은한 종소리를 낼 것 같다. 엇비슷한 둥굴레도 보인다. 거대한 초록의 물결에 휩싸여서 잘 보이지 않지 싶어도 요소요소에 크고 작은 야생화가 때를 놓치지 않고 있다.

자연 속에 어찌 꽃뿐이랴. 곱상한 박새는 앙증스러운 모습과는 달리

제 보금자리가 들통 나면 새끼들이 위험할까봐 재잘재잘 급한 발걸음에 반대쪽으로 유인하기 바쁘다. 다다닥 다다닥 딱따구리 소리가 호수를 건너온다.

샛노란 빛깔의 꾀꼬리가 날고, 꿩꿩! 산자락을 울리는 것으로 부족해 물자락까지 흔들고 있는가 하면, 듣는 이에 따라 '홀딱 깎세' 연신 목소리만 달라붙을 뿐 끝내 모습을 드러내지 않는 검은등뻐꾸기도 빼놓을 수 없다.

때 아닌 귀뚜라미가 마구 뛰쳐나온다. 가을의 전령인 토종귀뚜라미와는 달리 외국에서 들어온 달갑지 않은 녀석들로 도움이 되지 않는다. 길바닥에 작대기만큼이나 한 울긋불긋한 뱀이 비명횡사한 것을 보면서 섬뜩해진다.

칡넝쿨은 엄청 고집이 세다. 안전한 방향을 굳이 마다하고 길 쪽으로 고개를 날름날름 내밀다가 가차 없이 자동차바퀴에 치이고 사람의 발길에 차이면서 참수를 당하기도 한다. 하나의 옹고집은 무모한 도전이고 도발이다.

자연은 시끌시끌한 듯싶다가도 나뭇잎의 숨소리까지 들릴 만큼 적막에 젖어들기를 거듭하며 조화를 이루고 평화로운 시간을 만들어 낸다. 때로는 한 조각 햇빛을 받기위해서 치열한가 하면 바람소리를 나누어 듣기도 한다.

대청호도 금강이다

4월은 하루가 다르다. 하루 다르게 꽃이 피고 지고 하루 다르게 풀이 돋고 산자락이 초록으로 변한다. 아침저녁으로 다르지 싶게 계절이 바뀌고 있음을 실감한다. 대청댐 주위는 벚꽃으로 꽃밭이 되고 꽃터널이 되었다.

대청호도 금강이다. 대청댐 물문화관 앞에서 대청호 오백리길이다. 하늘은 왜 그리 푸른가. 탁 트인 조망에 해맑기만 하다. 건너 청남대 가는 길의 산자락 중턱에 흰 구름이 내려와 앉은 듯이 벚꽃이 뭉크러져 환하다.

잔잔한 물결이 강력한 햇볕조명을 받으며 금빛으로 반사되어 반짝반짝 눈이 부시다. 저 깊고도 깊은 청청한 물속에서 금빛 고기들이 물기를 툭툭 털며 튀어오를 성싶다. 마음이 하늘과 호수를 따라 맑아지는 아침이다.

산자락으로 가뿐히 올라선다. 여기 이렇게 호젓한 길이 있었구나. 언제부터 있었는지 수없이 대청호를 찾았지만 처음 밟아보는 길이다. 이제 계속 왼쪽으로 호수를 끼고 걸어야 한다. 오늘 하루 내내 함께 걸어야 한다.

산벚도 활짝 피었다. 멀리서 보는 것과는 달리 꽃이 엉성하다. 꽃송이가 서로 뒤엉켜 다닥다닥한 것이 아니라 듬성듬성하니 느슨하다. 본래 저런 모습에서 개량되어 탐스런 모습이 되었을 것이다. 순수함이 묻어 있다.

아주 화려함 뒤에는 보아서는 안 될 것처럼 너무 초라할 때도 있다. 달라도 너무 다르다. 그냥 보이는 대로 보면 되는데 속속들이 보다가 그리 좋은 모습만은 아니다. 너무 알면 마음 아파서 대충 덮어주는 것도 괜찮다.

보드라운 흙길에 나무가 우거졌다. 아직은 빈 나무 둥치만 우두커니 서있는 사이사이로 힐끔힐끔 호수를 곁눈질하면 그 모습들이 수시로 변화하고 있다. 보는 위치와 주위 배경에 따라 야외세트장처럼 들어오는 것이다.

발은 산자락을 걷고 눈은 호수를 보고 있는 것이다. 산과 호수가 만들어 내는 풍경에 빠져드는 것이다. 햇살까지 끼어들면서 분위기를 업 시킨다. 호수가 푸르기도 하고 검기도 하고 잔잔하기도 하면서 출렁이기도 한다.

서로가 서로를 보완하고 있으니 굳이 누가 주인공인지 모르겠다. 이

것이 자연의 조화다. 그것도 온갖 꽃들이 다투어 피어나는 봄날이니 더 좋다. 좋은 사람들과 함께 아침 길을 걷고 있으니 신선하며 산뜻하고 상쾌하다.

편의시설로 중간 중간에 의자를 만들어 놓았다. 말은 없지만 그냥 편히 앉았다 쉬엄쉬엄 가라고 한다. 이런 곳에서는 특급열차라도 타고 가듯 급히 가는 것이 아니라 자신의 모두를 내려놓고 자연과 이야기라도 나누란다.

뜻은 꼭 말로만 전해지는 것이 아니다. 눈이 있고 느낌이 있다. 직접적인 소통은 아닐지라도 뭔가 전함이 있고 받아들임이 있다. 그 자체만으로도 대화가 되었다고 생각한다. 나도 분명 자연 속의 하나인데 잊고 살아간다.

작은 몸집에 앙증스럽게 피운 꽃을 보게나. 저 나무는 줄기가 마치 화살의 깃털처럼 생겼다고 하여 화살나무다. 보들보들한 잎이 홑잎나물로 봄날이 주는 선물이기도 하다. 알록달록한 곤줄박이가 기웃기웃 지켜보고 있다.

청설모가 존재를 확인시키듯 기웃거린다. 멀리 개 짖는 소리가 들려온다. 순간 여기가 멀고 먼 산속이 아닌 대전의 일부임을 일깨운다. 도심에서 조금 벗어났는데 이런 곳이 있었구나. 등잔 밑이 어둡듯이 새삼스러워진다.

평평해지면서 공사 중이다. 대청호 제2보조댐 공사를 끝내고 일대를 시민공원으로 조성하며 휴게소건물을 짓고 있다. 지금은 조경공사에 다소 어수선하지만 머지않아 사람들이 몰려드는 멋진 휴식공간으로 거듭날 것이다.

작은 봉우리를 오른다. 저 아래로 내려가면 청남대가 보이는 명소란다. 하지만 너무 가파르다. 지금은 물이 차올라 위험하므로 옆으로 돌아서 간다. 몸통이 하얀 자작나무 길이다. 아직은 조성 중으로 시간을 필요로 한다.

제2보조댐을 건넌다. 공사로 어지럽혀져서 길이 헷갈린다. 우왕좌왕하다가 호숫가로 간다. 대청호는 마치 남해의 리아스식 해안을 연상하듯 반도처럼 불쑥 내민 지형을 오고 가기에 때로는 제자리를 맴도는 듯 싶기도 하다.

가을 대청호

그냥 놔두거나 관심 없어도 스스로 알아서 차질 없이 가는 것이 시간이다. 지난 봄 논밭은 텅 비고 벚꽃이 만개하여 주변이 환할 때 이곳을 찾았었는데 여름을 건너 논밭에는 오곡이 무르익어 추수를 준비하고 있다.

어느덧 온 세상을 가득 채웠다가 다시 비우려 한다. 가을이 익어가면서 세상은 통통하고도 야무지게 여물어 그간 흘린 땀의 대가를 보상받으며 거둠이라는 보람된 계절이다. 벌써 때깔 고운 차림마저 벗어던지려 한다.

불그스름하니 곱상하던 벚나무는 잎이 빠져 듬성듬성 엉성하기 그지없다. 그 아래에 하얗게 핀 구절초가 빠끔히 올려다본다. 지난날은 모르는 척 입 다물고 눈길은 자연스럽게 나무보다는 밑에 꽃으로 빠져들 수밖에 없다.

아무래도 한 구석 허허로운데 오늘 따라 하늘은 무정하리만치 푸르기만 하다. 이런 모습들이 자연의 냉정함이고 또 살아가는 현실이다. 저 무는 가을날 버릴 것은 과감하게 버리며 밀어낼 수 없는 겨울을 맞아들인다.

길 따라 가다 호수로 내려갔다. 길이 있었는데 지금은 물이 많이 차올라 길이 사라졌다. 물이 없을 때는 바닥을 질러 다니기도 하고 물이 많아지면 있던 길이 없어져 돌아가야 한다. 돌아가다 보면 다시 길이 생겨난다.

따가운 햇살에 가뭄으로 호수는 저기까지 말라 있었다. 아픔을 덮으며 출렁거리는 물결을 본다. 모두 아우르듯 푸른 물결이 반짝이고 파란 하늘 못지않게 호수도 정갈한 모습으로 하늘을 고이 받아 느긋이 담그고 있다.

호수의 바닥은 드러나고 기다렸다는 듯 시퍼렇게 풀이 올라왔다. 그런데 그곳이 서둘러 억새밭이 되어 하얗게 꽃을 피우고 길손에게 손짓을 하고 있다. 저렇게 분장을 하듯 뒤바뀔 줄이야 누가 쉬이 눈치라도 챘을까.

비워 좀은 허전하지 싶던 구석을 자리매김하고 지난날 어렵던 시절은 까마득히 잊은 듯 아주 환한 모습으로 바람에 휘날린다. 아니 그 바람을 안고 춤을 추듯 즐기면서 "어서 오십시요, 안녕히 가십시오." 인사를 한다.

날마다 대청호의 물을 마시며 살아가고 있다. 그러니 가깝다면 한없이 가까운 사이다. 그러나 가깝다고 하기에는 아주 먼 대청호였다. 같은 대전지역에 있으면서도 선뜻 다가가지를 못했다. 그러니 소원할 수밖에 없다.

어쩌다 지나치면 기껏해야 저기가 대청호라고 할 만큼 무관심에 막연했다. 그런데 대청호 오백리길 트레킹을 나서며 벌써 수차례 대청호 주변을 시시덕거리는 발길로 오갔고 나름 추억과 이야깃거리로 보람을 만들었다.

답사라도 하듯 산자락을 타고 굽이굽이 물길을 따라 돌다보니 그곳에는 미처 생각지 못했던 새로움이 있었다. 자연이 만들어내는 아름다운 풍경과 함께 우리네 삶이 고스란히 묻혀 있었고 아직도 살아 숨 쉬고 있었다.

대대로 살아오던 터전에서 수몰민으로 떠난 자리에 속삭속삭 이야기가 깃들고 도란도란 담긴 지난날을 조금씩 풀어내기도 하였다. 이처럼 전혀 낯설지만은 않은 친근감으로 다가와 반갑게 맞아주는 여유도 함께 하였다.

다시 찬샘마을에 들어섰다. 이제는 제법 익숙한 마을이다. 대추나무에는 고추잠자리보다 더 빨갛게 익은 대추가 입맛을 당겼다. 노랗게 익은 은행에서 구린내가 풀풀 풍겨나고 알밤을 쏟은 밤송이는 바닥에 나뒹굴었다.

수북한 풀숲에 외롭게 들어앉은 누런 호박은 외면당하고 체념하는 늙은이 같았지만 아직도 싱싱한 줄기에 주먹만큼 패기가 넘치는 애호박은 기름기로 번들거렸다. 고추밭 고춧대는 제몫을 다하고도 기가 팍 죽어있다.

도랑가 반달형 임시 울타리에 올려 그늘을 만들고 쉼터로 쓰였던 수세미넝쿨이다. 이 가을 답답한 농심의 가슴을 누군가 후련하게 뚫어줄 홈런 한 방을 날려달라는 듯 야구방망이 같은 수세미가 주렁주렁 매달려 있다.

텃논에 벼는 누렇게 익어서 오늘 내일 거둘 날을 기다린다. 메뚜기가 유기농을 홍보하면서 날렵하게 이리 저리 뛰어다닌다. 김장밭은 배추의 몸집이 풍성해지고 무의 다리통이 굵어졌다. 잎이 없는 감나무는 감만 발갛다.

쪽파, 대파도 어서 자라야 김장양념으로 쓰인다. 들깨를 베어 말리고 서둘러 털어야 씨톨이 흩어지지 않는다. 잎을 모두 떨어내고 꼬투리만 매달고 있는 콩은 어디선가 보았던 꽁지 빠진 닭이 떠올라 웃음이 배어 나왔다.

농촌의 가을은 바쁘다. 작은 것 하나도 거두어들이며 된서리가 내리고 추위가 오기 전에 텃논도 텃밭도 정리하여야 한다. 그러나 늙은 손길 뿐이다. 아직 시큼한 풋내도 없는 모과지만 노랗게 익어 향기를 뿜어낼 것이다.

하얀 구절초에 질세라 보랏빛 쑥부쟁이가 경쟁하듯이 피었다. 벌개미취와 혼동 된다지만 아무려면 어떠랴. 노란 산국도 얼굴을 내밀고 찔레열매가 다닥다닥 빨갛고 청미래덩굴 열매도 익어 가면서 가을이 깊어가고 있다.

노고산성을 오른다. 말만 산성이지 너무 낮아 산성으로서 역할을 제대로 하였는지 의심스럽다. 그래도 정상에는 노모를 닮았다는 상징적인 바위가 위엄을 놓지 못하고 있다. 한 무리 둘레산행팀이 바람처럼 휙휙 지나간다.

이곳 산성이 삼국시대 군의 요충지로 수없는 전투를 겪으면서 수많은 군사가 피를 흘렸던 곳으로 '피골'이다. 뒤늦은 가을에 때 아닌 진달래꽃이 피어나 초췌한 몰골이다. 하기야 단풍 들고 낙엽 질 준비에 분주한 때이다.

주책없이 삐쭉삐쭉 꽃타령이나 하고 있으려니 좀 멋쩍어 보인다. 혹 노망이라도 났나, 야릇한 눈초리가 따가웠는지 모른다. 애써 피하려는 눈길을 마지못해 바라보는 마음도 편치만은 않지만 그래도 보이는 것을 어쩌랴.

봄에 피는 꽃이라는 선입감에서 어리둥절하게 만들었다. 하지만 자연도 이따금 일탈을 꾀할 수 있음을 보여주는 것 같았다. 정상적이 아니라면 제철을 놓친 지진아이거나 앞서가려는 개척자정신의 모험심인지도 모르겠다.

조망터다. 와! 단숨에 가슴이 뻥 뚫린다. 다도해의 한 면을 보는 아기자기한 모습이다. 시퍼런 호수에 크고 작은 섬까지 조화를 이루도록 원근에 맞게 띄워놓았다. 이 한 폭 그림 때문에 많은 발길이 끊이지를 않을 것이다.

2014. 10. 10.

물은 생명을 보듬는다

금강은 유유히 흘러간다. 오늘 못 가면 내일 가고, 급할 것 없는 느긋한 충청인의 성품이다. 볼 것 다 보고 들을 것 다 듣는 여유로움이다. 까불거리지 않고 깊은 생각에 젖은 선비 같은 조용하면서도 멈출 줄 모르는 끈기의 발걸음이다.

삶은 서두른다고 무조건 좋은 것은 아니다. 완급을 조절하면서 꼼꼼히 챙길 것은 챙겨가며 흐름을 타야 한다. 그렇게 금강은 천리를 굽이굽이 감돌아 끝내는 서해라는 커다란 바닷물이 될 수 있다. 인생 한 번 가면 그만이듯 강물 또한 한 번 흘러가면 그뿐으로 다시 되돌릴 수 없기는 마찬가지다.

쉬엄쉬엄 흘러가며 내려놓아야 할 것은 아낌없이 내려놓고 채울 것은 요령껏 채우는 것이다. 찡그림보다는 얼굴을 활짝 펴야 주변으로 확산되어 밝아진다. 산다는 것이 한낱 광대놀이가 아니다. 자신의 몫을 다하면서 누리는 것이다. 섣불리 나서 가볍게 보이거나 너무 뒤쳐져서 불안하게 할 일이 아니다. 금강은 수많은 목숨에게 생명수를 전달할 막중한 책임을 지니고 있다. 우르르 몰려다니지 않는 여유로움을 지니되 제때를 놓치지 않아야 한다. 그래야 금강유역의 오백만 주민에게 한결같은 미더움에서 더 늠름하게 비쳐진다.

어찌 그 많은 강물이 오로지 동식물의 젖줄로 한정되랴. 공업용수 및 산업용수로서도 톡톡히 한 몫을 한다. 내륙의 바다 같은 대청호에서는 발전을 하여 세상을 밝히는데 보탬이 된다. 최근에는 세종시 같은 도시가 새롭게 들어서고 대전과 청주는 물론 천안을 거쳐 아산까지 물이 공급되면서 수원의 역할을 훌륭히 해내고 있다. 또한 지난 가뭄에는 보령댐에 물길을 터서 물을 나눠주었다. 이처럼 갈수록 혜택 받는 지역이 늘어나고 있다. 금강의 존재가치나 품위가 높아진다. 그러하거늘 그 누가 감히 강을 오염시키려고 하는가.

보다 더 양질의 식수원으로 보호관리 되어 국민건강에 소홀함이 없어야 한다. 그러려면 충분한 수량을 확보하고 도중에 헛되게 소모되어 부족하지 않도록 하여야 한다. 강물은 흐르면서 필요한 만큼 골고루 나눠줘야 한다. 강물은 민심까지 아우르고 있다. 마음이 넉넉해져야 조바심에서 벗어나 안정을 찾을 수 있듯 강물도 넉넉히 흘러야 안정적으로 뭇 생명에게 물을 나눠줄 수 있다.

멈춤 없이 흘러가야 자정능력이 원활해지면서 보다 깨끗한 물을 전달할 수 있다. 행여 몸살 앓는 일이 없도록 몇 번이고 확인하고 보살펴야 한다.

삶을 순위 매겨가면서 줄을 세우는 것은 결코 바람직하지 못하다. 삶의 방식은 아주 다양하다. 선택은 각자의 몫이되 최소한 지켜야 할 법의 테두리를 벗어나지 않아야 한다. 서로 배려하고 나누며 존중하는 것이다. 그래야 인정받고 존중받을 수 있다. 공짜는 없다고 한다. 필요에 의해서 채우고 버린다. 인간의 삶은 자연 세계의 삶과는 다르다. 자연의 세계는 있는 자리에서 일생을 마치거나 약육강식하며 제 배불리기에 급급하다. 하지만 인간의 세계는 배려할 이웃이 있어 소통하고 나누고 함께 더불어 힘을 합쳐야 할 것이 있다.

삶은 일률적으로 순위를 정할 수 없고 그럴 필요도 없다. 일등이고 꼴찌와 같은 단순한 자리 매김이 아니다. 형편대로 취향대로 살아가는 삶을 한 마디로 논할 수는 없다. 어디에 우선순위를 두고 무엇을 지향하느냐에 따라서 삶의 방향은 확 달라진다. 인간다운 생활을 하는지 미루어 볼 뿐 행복과 불행은 외관상의 문제가 아니다. 삶은 단순하게 보여주거나 자랑하기 위한 외형적인 것이 아닌 생존이란 기본적이고 현실적인 문제이다. 섣불리 어떤 것이 올바른 삶이라고 계량화할 수 없다. 그것은 내면은 접어두고 겉만 엿볼 뿐이다.

강물은 단순히 흘러가는 것으로 끝나지 않는다. 빠르게 흘러간다고 달라질 것은 없다. 시간을 다투거나 순위를 다투는 것이 아니다. 묵묵히 함께 더불어 가는 세상인 것이다. 손을 내밀면 잡아줄 것 같고 마음을 열면 가슴으로 전해질 것 같다. 마음을 활짝 열려무나. 가슴을 활짝 펼치려무나. 한 걸음 성큼 다가가면 멀리서 좀 더 가까이 다가온다. 그냥 오기는 쉽지 않다. 더 이상 기다림은 의미가 없다. 이제 내가 찾아가는 것이다. 내가 그랬던 것처럼 네가 기다리고 있을 것이다. 노력은 성공이란 길을 연다. 그냥 되는 것은 없다.

2016. 10. 19.

물은 흘러야 한다

우리의 몸은 70%가 물이라고 한다. 어디에 들어있는지 들여다보이지는 않지만 사람뿐만 아니라 모든 생명체는 물을 필수로 한다. 아무렇지 않다가도 가뭄이 들면 대뜸 반응을 한다. 바닷물을 식용으로 쓸 수는 없다.

갓난아기의 인체는 80%가량이 수분인데 자라면서 비율이 70%로 줄어들고, 성인이 되면 60%쯤 되었다가 죽음을 앞둔 노년층에서 거의 50%까지 낮아진다고 한다. 이 정도면 삶은 물과 불가분의 관계라 할 것이다.

세계는 사막지대가 아니라도 곳곳에서 물 부족으로 시달림을 받고 있다. 우리나라도 물 부족국가가 되어가고 있다. 바닷물이 아닌 민물로 아껴야 할 자원 중 자원이다. 그런데 막상 사람들은 그렇게 인식하지 않는다.

지구표면은 71%가 바다이고 29%가 육지다. 바다는 태평양 46%, 대서양 23%, 인도양 20%, 그밖에 지중해, 북극해. 홍해, 흑해 등이 있다. 한 번 바닷물은 민물이 될 수 없어 이용할 물이 부족해 곤란을 겪는다.

지형적으로 아예 바다가 없는 나라도 있는데 우리나라는 3면이 바다인 반도이다. 바다에는 어족자원뿐 아니라 무궁무진한 자원으로 바다를 최대한 이용할 수 있는 해양국의 면모를 갖출 필요성이 점점 높아지고 있다.

육지의 민물이 끝내는 바닷물이 되고자 자꾸 흘러 바다로 가는 모양새다. 산자락에 떨어진 작은 빗방울 하나도 낮은 곳을 찾아 계곡으로 모여들어 냇물을 이루고 사방에서 모여들어 강이 되는데 금강도 그 중 하나다.

언제 어디서든 쉽게 얻을 수 있는 것이 물이라고 생각한다. 물은 생활용수, 공업용수, 농업용수, 하천 유지용수, 수송, 어업, 휴양 등에 골고루 쓰인다. 같은 물이라도 유용하게 쓰이는가 하면 그냥 내버려지기도 한다.

해수가 97.5%라면 육지의 물은 2.5%에 불과하다. 육지의 물도 지하수가 31.2%, 호수와 하천이 0.4%, 빙하와 만년설이 68.4%라고 한다. 분포에서 볼 수 있듯 막상 직접 이용할 물이 그리 많지 않음을 알 수 있다.

날씨가 갈수록 온난화로 빙하나 만년설이 녹으면 지구의 수면이 올라가 육지가 점점 가라앉는다고 크게 염려하고 있다. 그 중에도 일본 같은 섬나라는 자꾸 침수되어 육지가 줄어든다고 민감한 반응을 보이고 있다.

물은 흘러야 한다. 금강도 발원지에서 천리를 흘러 바다로 간다. 그 누구도 물길을 임의로 막으면 안 된다. 자연이 만들어 주는 길로 유유히 흘러가야 한다. 물은 고집이 있는 양 곧은길로 가지를 않고 굽이굽이 간다.

흘러가며 이쪽 흙을 파다가 저쪽에 쌓기도 하고 풀이 자라고 새들이나 드나드는 작은 풀섬을 만들기도 한다. 같은 강물이라도 물길은 한쪽으로 치우쳐 흐르며 깊고 낮음을 달리한다. 그 속에서 많은 생명체가 살아간다.

강은 보다 많은 생명체에게 생명수를 나누어 주려는 듯 낮은 곳을 찾아 돌아간다. 바다에 빨리 가는 것이 능사는 아니니다. 마치 세상을 유람하듯이 흘러가며 만들어진 빼어난 경관을 보려고 사람들이 몰려들기도 한다.

물은 혼자 존재하거나 한 곳에 오래 머물 수 없다는 듯 자꾸 모여들고 거부감 없이 쉽게 뒤섞인다. 출신을 묻지 않고 성분을 따지지 않는다. 어디서 왔느냐, 맛은 어떠하며, 맑고 흐리다 차별 없이 기꺼이 한 몸이 된다.

다만 그 물을 이용하는 생명체가 구분하여야 한다. 특히 사람들이 까다로움을 피운다. 물의 흐름을 왜곡시키며 더럽히고 오염시켰다가 이용할 때는 이러쿵저러쿵 걸리는 데가 많다. 뒤늦게 무공해 깨끗한 물을 찾는다.

오염되거나 썩은 물은 없느니만 못하다. 황톳물처럼 탁한 빗물도 흐르면서 앙금이 가라앉아 맑은 물이 되고 식물에 의해 정화되기도 한다.

고여 멈추게 되면 썩어 오염되므로 물은 흘러야 한다. 금강은 흘러가야 한다.

2017. 08. 01.

풀들의 영역다툼

오랜만에 많은 비가 내렸다. 버드내를 걷는다. 그간 눈살 찌푸리게 했던 지저분한 것들이 모두 떠내려가고 새로운 쓰레기가 물길 닿았던 곳에 나뒹군다. 고수부지에 그 흔적을 남겨놓고 나뭇가지에 깃발처럼 걸려있다.

그동안 시야를 가릴 만큼 기승을 부리며 쑥쑥 자랐던 갈대가 한꺼번에 들이닥친 비바람에 휩쓸려 코를 처박고 엎드렸다. 참으로 볼썽사납다. 간간이 불어오는 바람을 타고 모가지가 길쭉해진 갈대꽃이 피어나고 있다.

갈대가 넘어져도 걱정할 일이 아니다. 아주 그악스런 생명력을 지니고 있는 녀석이라 그리 쉽게 삶을 포기하지 않는다. 마치 달리기하는 선수가 넘어지면 툭툭 털면서 일어서듯 고개 들고 아무렇지 않게 일어설 것이다.

최악의 경우로 대궁이 뚝 부러져 도저히 일어서지 못하면 누운 상태에서 마디마디에 새눈을 만들고 새싹을 틔워 올릴 것이다. 몸뚱이 하나 희생으로 더 많은 새로운 줄기를 만들어내는 기적 같은 본능을 지니고 있다.

따라서 더 풍성해진다. 뒤늦게 싹이 올라와도 급성장하여 곧바로 꽃 피우며 본래의 대열에 합류하는 것이다. 이것이 바로 자연의 힘이다. 갈대의 끈질기고도 모질은 생명력이다. 그렇게 영역을 넓히며 자리를 굳혀왔다.

그런데 더 강력한 녀석의 도전을 받고 있다. 바로 억새다. 억새가 산자락에서 물가까지 내려왔다. 촘촘하게 뿌리 뻗은 갈대밭에 끼어들어 영역다툼을 한다. 지난해 갈대밭이 억새밭이 되었으니 갈대보다 억센 억새다.

얼핏 평화롭기만 하지 싶은 자연 속에도 아주 치열한 삶이 있음을 새삼 느끼게 한다. 봄이면 수많은 손길이 잔디를 심고 돌보며 가꾼다. 하지만 몇 달 후 잔디는 오간 데 없고 그 자리에 엉뚱한 토끼풀만 무성하다.

저 보들보들해 보이는 토끼풀이 아주 열악한 환경에서 만만치 않았을 잔디를 짧은 기간에 어떻게 송두리째 몰아내고 그 자리를 접수하였는지 궁금스러운 대목이기도 하다. 그냥 겉모습만 보고는 모르는 생태계이다.

곡식처럼 보호를 받으면 야성이 없어져 의지하려고만 하여 잡초가

강해진다. 잡초끼리도 보이지 않는 뿌리와 뿌리에서 치열한 공방전이 벌어져 공생할 수 없는 최악의 상태로 잔디가 슬그머니 꼬리를 내린 꼴이 되었다.

토끼풀과 잔디의 다툼에서 잔디가 완패하고 자리를 내준 것이다. 그런 보이지 않는 강인함에 청순한 부드러움이다. 정상적인 세 잎에서 변형된 네 잎을 찾기도 한다. '행운의 네 잎 크로버'라는 앳된 순수가 번뜩인다.

외래식물인 가시박은 칡넝쿨처럼 다른 식물들을 타고 넘으며 뒤덮어 버린다. 아예 햇빛을 못 보도록 숨통을 막아서 살아남기에 급급하다. 식성이 좋고 키가 훤칠한 개망초는 다른 풀들과도 곧잘 어울려 그나마 다행스럽다.

갈대는 바람에 이리저리 흔들릴망정 쉽게 굽히지 않고 꼿꼿한 자태에서 고뇌하는 듯싶다. "인간은 생각하는 갈대다." "여자의 마음은 갈대와 같다."고 했다. 이처럼 일찍부터 사람에 비유하며 관심을 끌어온 갈대이다.

이렇게 패할 것은 패하고 승할 것은 승하며 끝내는 집단을 이루고 살아간다. 혼자서는 여간해 살아남기가 쉽지 않다. 그만큼 아주 치열함을 여실히 보여주고 있는 것이다. 그야말로 사느냐 죽느냐 하는 종족 간 다툼이다.

그런 탓에 가끔 낯선 녀석들을 만나게 된다. 순박하게 살아가는 재래종 속에 외래종이 숨어들어 하나 둘 늘어나는가 싶다가 몇 해를 지나지 않아 아예 저희들의 세상을 만들어 버린다. 생태계의 반란이 아닌 점령군이다.

개망초는 오월 하순이면 꽃이 피기 시작한다. 공들여 가꾼 화초보다도 곳곳에 골고루 퍼져 꽃을 하얗게 수놓으며 휘날린다. 풀을 깎고 나면 혈기 넘쳐 불쑥불쑥 새싹이 솟아오른다. 환경에 적응할 수 있어야 살아남는다.

2014. 08. 29. 국치일

오염원은 어디나 될 수 있다

하늘을 무심코 올려다본다. 파란하늘이다. 어디선가 흰 구름이 나타나 덩실덩실 떠다닌다. 잠시 뒤 구름이 약간 짙어지지 싶더니 서둘러 몰려간다. 어디로 가고 있는가. 어디 구경거리라도 생겼거나 초대라도 받았는가.

금강줄기가 막힘없이 잘 흘러가는지 지켜보고 있는가. 내 마음도 살짝 얹어 함께 가려무나. 누군가 만날 것 같고 꼭 만나야 할 것도 같은 좀은 막연함이다. 구름아, 너는 하늘 높이서 내려다보니까 한눈에 볼 수 있겠다. 나는 너의 겉모습만 어설프게 바라볼 뿐이다. 같이 보고 있어도 올려다보고 내려다보는 차이는 하늘과 땅으로 비교가 되지 않는다. 구름 속에 햇볕이 들어있고 빗물이 들어있고 좋은 소식이나 나쁜 소식까지도 담겨있을까.

우리 곁에 금강은 외길로 흘러간다. 너의 사명은 귀중하고 선하고 악하고 천하고를 굳이 구분하지 않고 모든 생명체의 젖줄로 소임을 다할 뿐이다. 그런 네가 대견하고 자랑스러운 것이다. 편견 없는 네 모습이 아름답다.

더운 날, 추운 날, 비 오는 날, 바람 부는 날, 활짝 갠 날, 구름 많은 날에 관계없고 밤이나 낮이나 멈춤이란 없다. 생명체를 굶길 수 없어 언제든 먹을 수 있도록 생명수 금강으로 흘러왔고 또 앞으로도 흘러갈 것이다.

들녘의 가을에 여문 것 모두를 거두어들이고 빈 벌판으로 휑하니 좀은 허전하다. 이제 다시 겨울로 접어들어 봄을 맞이할 준비를 한다. 제일 앞장서는 것이 바람으로 신바람이다. 그러나 강은 동요하지 않고 표정도 없다.

속마음을 언제쯤 풀어 궁금증을 해소시킬 것이냐. 덩실거리던 구름이 한 쪽으로 밀려간다. 흰 구름쯤은 곱게 보아주지만 검은 구름으로 돌변하면 지상에서는 너의 움직임에 수군수군 눈여겨보는 관심의 눈길이 많아진다. 또한 구름으로 잠시라도 그늘이 생기면 이해가 엇갈려 속을 끓이기도 한다. 당장 따가운 햇볕이 필요하고 시원한 그늘이 필요하다. 여기에 바람까지 적극 나서면 복잡해지는 셈법이다. 이것이 하늘을 보면서 사는 모습이다.

하늘아, 그냥 큰 변심 없이 강물처럼 자유로워라. 구름 흘러가고 강물 흘러가고 시간이 흘러가고 한 해가 간다. 세월이 흘러가고 있다. 정말 정신없이 세월이 간다고 한다. 일주일이 가고 한 달이 가고 한 해가 가고 있다.

인간은 살아가면서 누군가에게 보여주고 자랑하며 과시하고 싶어서 많이 꾸미고 허세를 부리다 보니 부작용이 많다. 하지만 자연의 세계는 그런 것 없이 오직 살아가는데 쏟다 보니 좀은 단조로운 듯싶으면서 실용적이다.

인간의 세계가 거짓과 진짜가 있고 속임수가 있고 배신이 있고 요령이 생기고 수완이 있어 혼란스럽게 하는데 비해 자연의 세계는 무엇이 옳고 그름 같은 것이 있는가, 있는 그대로 드러내 놓아 보이는 대로 보면 된다.

살아가려면 하루도 빠짐없이 물을 필요로 한다. 그런데 물을 오염시켜 놓고 물은 있는데 먹을 물이 없다고 한다. 탓할 일이기보다는 자업자득인 셈이다. 자연은 자정능력이 있어서 시간이 가면 깨끗해지지만 한계가 있다.

어느 한 사람이 애쓴다고 물이 깨끗해지기는 어렵다. 하지만 어느 한 사람이 물을 더럽히기는 쉽다. 한 번 오염된 물을 깨끗하게 하려면 쉽지가 않다. 따라서 우리 모두가 나서 물을 깨끗하게 하여야 깨끗한 물이 돌아온다.

집터를 잡을 때 우선 먹을 물을 확보할 수 있는지 살폈다. 살아가는데 기본이기 때문이다. 그런데 요즘은 물을 너무 소홀이 하고 있다. 나 하나는 괜찮겠지 한다. 그 하나가 바로 오염원이 될 수 있음을 잊어서는 안 된다.

2016. 11. 18.

물 관리의 고민

물은 흐른다. 강물은 흐른다. 자연의 법칙에 따라 묵묵히 흘러간다. 그런데 요즘은 자연을 위한 자연의 관리가 아니라 인간을 위한 자연을 관리한다. 자연은 불편하다고 멋대로 옮겨가거나 달아나지 못하기 때문이다.

결국은 자연 속에서도 자연을 위해서가 아니라 인간을 위한 인간을 관리하게 한다. 물을 관리하여야 한다고 한다. 수질개선을 위해 통합관리 하여야 한다고 한다. 물에 관하여 하천에 관하여 통제가 아주 많아졌다.

여러 부서에서 쪼개어 관리하고 간섭함으로 서로 유기적인 해결보다는 제 밥그릇 챙기기에 영역다툼을 하면서 관할과 권한행사에만 급급하다. 그러다 보니 말 많고 소리만 높을 뿐 현장은 뒷전에 밀려 홍역을 앓는다.

동물이나 식물이 살아가는데 필수인 물이다. 사람이 살아가는 동네라고 예외일 수 없다. 오히려 더 민감하다. 물은 부족하면 큰 곤란을 겪는다. 그렇다고 물이 너무 많아 넘쳐도 큰 곤욕을 치르게 된다. 적당해야 한다.

물은 어떻게 관리하여야 가장 합리적이고 효율적일까? 민간인도 관심도가 높아져 곳곳에서 많은 환경단체가 직접 활동을 하고 있지만 만족할 수준이 되지 못한다. 물은 탁상이론이 아니라 살아가는 현실이기도 하다.

금강만 해도 천리 길이다. 부분적으로 깨끗하다고 해서 끝날 일이 아니다. 어느 한 곳만 오염되어도 모두 긴장할 수밖에 없다. 유역 전체가 일사불란하게 동시에 관리되어야 미더우면서 그 효과가 크게 나타날 수 있다.

물이 흘러가면서 관할 지자체가 달라진다. 물에 대한 관심도가 다르고 우선순위나 이해관계가 뒤엉키고 엇갈리다 보면 서로 줄다리기하고 미루며 떠넘기기도 한다. 그 사이에 자연만 골탕을 먹고 오염되면서 썩어간다.

소유역, 중유역, 대유역 중에서 소유역 관리, 즉 마을단위 관리가 주민의 이해관계와 애향심 등이 작용하여 확실하다. 그러나 효율적이고 이상적일 수는 있으나 소유역과 소유역을 연결해야 한다는 문제점을 안고 있다.

지역 간에 소통이 안 되면 또 다른 어려움에 봉착하여 통합관리를 선호할 수밖에 없는 상황에 직면한다. 물 관리는 끝이 없으며 그 효과가 금방 나타나거나 느끼지 못하지만 오염은 곧바로 확산되어 피해를 입게 된다.

아무렇지 않게 쓰레기로 버려지는 비닐, 스티로폼, 깡통은 수십 년이 지나도 썩지 않고 주변의 토양을 오염시킨다. 농약, 제초제, 폐유는 주변의 미생물까지 죽이고 생태계를 파괴하므로 복구하려면 상당한 시일이 걸린다.

여기에 닥치는 대로 나무를 베어내고 산을 허물어 집짓고 공장을 짓는 난개발도 있다. 매연에 독한 가스를 뿜어내고 실화로 불을 내기도 한다. 그러다 폭우로 홍수가 발생하여 물에 잠기고 떠내려가며 인명피해도 생긴다.

그러나 자연이 내놓는 낙엽, 나뭇가지, 죽은 나무, 동물의 배설물이나 시체, 떨어진 열매 같은 것은 일정 기간을 지나면 대부분 썩어서 거름이 되고 흙에 뒤섞여 자연으로 돌아간다. 물도 일부는 자정능력에 의해 정화된다.

관공서에서 관리한다고 주민이나 일반인은 나 몰라라 할 수는 없다. 자연의 관리는 그 지역이 아주 방대해 궁극적으로 지역민이든 지역민이 아니든 모두의 관심 속에 한마음으로 모아져야 비로소 효과를 기대할 수 있다.

오염원의 근원을 만드는 것은 사실상 사람이다. 가축을 키우고 오물을 버리며 마구 베고 파헤치는 무분별한 개발이나 쓰레기를 버리는 행위가 사람에게서 나오므로 사람관리가 우선시 되는 이유가 여기 있다 할 것이다.

자연은 있는 그대로 두는 것이 가장 현명하다고 할 수 있다. 하지만 현실은 그렇지 못하다. 자꾸 훼손되고 오염되므로 사전에 제재하면서 끊임없이 관리를 하여야 한다. 그래야 마음 놓고 물을 마시며 이용할 수 있게 된다.

2017. 09. 03.

금강유역의 환경포럼

대전펜문학 시화전에 들렀다 나오는데 웅성거린다. 때마침 금강유역환경회의 및 금강유역환경청에서 주관하는 2017년 제7차 『금강유역환경포럼』에 등록하고 입장하는 사람들이다. 평소 금강에 관심이 있어 솔깃했다.

그간 비단물결 금강천리 일부를 트레킹하였다. 현지를 답사하듯 돌아보는 중이라 기다렸다는 듯 마음이 끌렸다. 좀은 어색하고 낯설었지만 한 번쯤은 전문가의 마음가짐을 살펴보는 것도 손해 볼 일은 아니지 싶었다.

충청의 젖줄인 금강에 대한 『통합 물 관리 체계구축 및 지속 가능한 유역관리 발전방안 모색』에 순간적으로 마음이 쏠리면서 방청할 수 있는지 알아보니 가능해 곧바로 등록하고 입장하여 3시간여 동안 지켜보았다.

물 관리다. 물 관리는 어제 오늘의 일이 아니며 금강에 한정된 것도 아니다. 전국 어디서나 공통적인 사항으로 금강, 한강, 낙동강, 영산강의 4대강에 섬진강까지 관계된 환경단체가 참여해 주제발표와 토론을 하였다.

우선 환경단체라는 말은 들어보았지만 이렇게 많은 단체가 활동하는 줄은 미처 몰랐다. 그런데 강물의 수질은 왜 갈수록 더 악화되는 것일까? 지자체 간에 서로 연계가 안 되고 관리나 참여에 한계가 있는 것이다.

따라서 관리를 환경청으로 일원화하여 통합관리를 하는 것이 바람직하다는 쪽이 대세였다. 그러나 여기서 결론을 내릴 수는 없다. 법률적인 문제와 지자체 등 여러 이해관계가 담겨져 있어 개선이 쉽지 않아 보였다.

필자도 마지막 시간에 발언권을 얻었다. 통합 물 관리는 주로 수질개선만을 이야기하고 있는데, 지난 초여름 보령댐의 저수율은 0%였다. 홍수가 나고 채 보름도 되지 않아 냇가는 바닥나면서 다시 하늘을 올려다본다.

우선 물 총량치의 확보방안을 물었다. 또한 수질개선만 외칠 뿐, 어느 수준까지는 없다. 물은 있되 마실 물이 없다고 한다. 수도관의 노후도 있겠지만 궁극적으로 시민이 물 마시는데 주저하는 일이 없어야 할 것이다.

포럼에서 주제발표와 토론도 좋지만 자칫 탁상공론에 빠져들 수도 있다. 통합관리체제에서 일관성 있는 정책을 펼치고 환경단체의 지킴이 역할과 평소 높은 시민의식이 자발적이면서 유기적으로 함께 이루어져야 한다.

비가 오면 물은 불어나고 강물은 넘실거린다. 물은 흘러가고 언제든 마시기만 하면 되는 줄 알았다. 비가 많이 내리면 넘쳐나고 가물면 찾아들어 안타까워하면 되는 줄 알았다. 그렇게 물은 쉽게 언어지는 줄 알았다.

그게 아니다. 비가 아무리 내려도 한꺼번에 흘려보내면 물 부족에 허덕일 수밖에 없다. 봄날 농사철에 물이 없어서 모내기를 할 수 없다고 아우성에 발만 동동 구를 뿐 어쩔 줄 몰라 농민도 바라보는 사람도 답답했다.

가정에서는 먹을 물이 없다고 야단이다. 수돗물은 못미더워 마실 수 없다고 한다. 정수기를 놓고 정화시키거나 팔팔 끓여 마셔야 비로소 안심이 된다. 물은 있어도 오염되어 냄새 나고 세균이 기준치를 넘어 불안하다.

예로부터 치산치수를 잘 하여야 한다고 하였다. 그 중에도 치수는 더 어렵다. 강물은 어디고 노출되어 있다. 언제든 어디서든 오염될 수 있다. 인간의 발길이 닿는 곳은 언제든 오염이 될 수 있어 아주 조심스럽다.

물은 그냥 가둬두면 되는 것이 아니다. 물은 끊임없이 흐르려는 속성을 지니고 있다. 이 물이 흘러가며 물의 소유권 주장도 달라진다. 자꾸 소유권이 바뀌고 있는 셈이다. 그러다 보니 이해관계가 달라 마찰이 일어난다.

물이 흘러가는 강이나 하천을 관리하는 기관과 물을 관리하는 기관이 다르며 지자체도 부서별로 쪼개져 관리의 일관성이 떨어지고 간섭만 늘었다. 이에 맞서듯 환경단체도 많이 생겨 환경지킴이 역할을 톡톡히 한다.

물은 유유히 흐른다. 이렇다 저렇다 말이 없다. 그것이 일상이다. 흘러가다 부족한 곳이 있으면 채워주고 필요하면 나눠주고 뭇 생명에게 꼭 필요한 생명수 역할을 한다. 그렇다고 거들먹거리거나 공치사 하지 않는다.

다만 인간들이 중간 중간에 멋대로 끼어들어 내 물이니, 네 물이니, 영역에 소유권을 다투며 오염시켜놓고 더러우니 깨끗하니 타박을 한다. 인간들이 임의로 물길을 막아 방해하며 녹조가 끼면서 썩었다고 찧고 까분다.

언제 물이 이래라 저래라 했던가. 가뭄이니 홍수니 재앙이니 인간들이 삿대질하며 원망의 눈초리를 물에게 떠넘긴다. 물은, 금강은 바다로 가기 위해 흘러가는 것밖에 없다. 흘러가며 때로는 혹독한 대가를 치루고 있다.

물은 아무런 관심도 이해도 없고 늘 변화가 없는 그냥 물일 뿐이다. 물이 풍족하고 부족하고, 물이 오염되고 괜찮음은 사실 물 자체와는 무관하다. 그런 관심도 능력도 지니지 못했다. 그냥 거기 물길 따라 가고 있다.

물의 오염에 대한 책임을 굳이 묻는다면 그 원인 제공자인 인간에게 있다. 따라서 물 관리는 곧 인간 관리이기도 하다. 인간의 발길이 드문 오지를 되새김해 보면 금세 답이 나온다. 오지의 물이 어디 더럽다고 하던가?

나 하나는 괜찮겠지 하는 마음가짐에서 그르칠 수 있다. 작아도 모이면 많아진다. 인간의 발길 그 자체가 오염원이 되기도 한다. 거대한 백두대간도 때로는 휴식년을 갖는다. 다만 물은 그럴 수 없어서 안타까울 뿐이다.

2017. 08. 17.

* 포럼 : 1~3명의 전문가가 자신의 주장을 공개적으로 발표한 뒤 청중과 함께 질의응답의 방식으로 진행하는 토의.

‖ 작가의 약력 ‖

- 충남 아산시 송악면 외암리 출생
- 오늘의문학 수필(隨筆) 등단
- 문예사조 시(詩) 등단
- 문학사랑 동시(童詩) 등단
- 세무사 시험 (제18회) 합격

〈수필집〉

- 01집 : 남산공원 맹꽁이
- 02집 : 버드내 초록마을
- 03집 : 향기가 묻어나는 풍경
- 04집 : 거미줄에 걸린 날
- 05집 : 백두대간
- 06집 : 그곳에 가보고 싶다
- 07집 : 억새의 노래
- 08집 : 뉴질랜드에서 호주 시드니
- 09집 : 그류 그런디 그게 어디 그류
- 10집 : 그곳에 내가 있었다
- 11집 : 지렁이가 죽었다
- 12집 : 버드나무는 바람을 즐긴다

〈시집〉

- 01집 : 고장난 시간들
- 02집 : 내 마음에 그물질하는 사람아
- 03집 : 그리움 놓고 가면
- 04집 : 나는 그대 얼굴로 그대는 내 얼굴로
- 05집 : 사랑 365
- 06집 : 다시 사랑 365
- 07집 : 또다시 사랑 365
- 08집 : 백령도에 비가 내린다. 上
- 09집 : 백령도에 비가 내린다. 下
- 10집 : 6월, 그날의 함성
- 11집 : 땀으로 씻어낸 지리산
- 12집 : 야릇한 돼지의 미소
- 13집 : 천지에 발 담그고
- 14집 : 개미 비상 걸기
- 15집 : 그대는 산에 가면 산이 되는가
- 16집 : 박종국 16 시집
- 17집 : 버드내 풍경
- 18집 : 고기 굽는 마을
- 19집 : 섬은 섬을 말하지 않는다

〈동시집〉

- 01집 : 바람은 싸움쟁이
- 02집 : 세모랑 네모랑
- 03집 : 물에 빠진 하늘

〈문학관련 회원〉

- 한국문인협회 문단정화위원
- 대전문인협회 감사(역임)
- 아산문인협회 회원
- 한국수필가협회 회원
- 한밭아동문학가협회 부회장
- 대전아동문학회 회원
- 대전 · 충남수필문학회 회원
- 한밭수필가협회 회원
- 문학사랑 대전협의회장
- 대전문인총연합회 회원
- 대전펜문학회 감사
- 한국공무원문학협회 감사(역임)
- 뜨락문학회 회장(역임)

〈문학관련 수상〉

- 오늘의문학 신인상(수필)
- 문예사조 신인상(시)
- 문학사랑 신인상(동시)
- 행정자치부장관상(공무원문예대전)
- 국세청장상(문학콘테스트)
- 대전광역시장상(한글선양유공)
- 인터넷문학상
- 대전문학상
- 옥로문학상
- 예술문화공로 대전광역시장상
- 하이트 진로문학상
- 금강유역환경청장상(참가후기 대상)

〈기타〉

- 백두대간(지리산 천왕봉~금강산 향로봉) 종주 — 수필집 『백두대간』 발간
- 전국 유명 억새밭 답사 — 수필집 『억새의 노래』 발간
- 토요산악회 회장(역임)
- 디딤돌산악회 회장(역임)
- 산악회 「청청」 회장

버드나무는 바람을 즐긴다

박종국 제12수필집

발 행 일 | 2018년 1월 5일
지 은 이 | 박종국
발 행 인 | 李憲錫
발 행 처 | 오늘의문학사
출판등록 | 제55호(1993년 6월 23일)
주 소 | 대전광역시 동구 대전로 867번길 52(한밭오피스텔 401호)
전화번호 | (042)624-2980
팩시밀리 | (042)628-2983
전자우편 | hs2980@hanmail.net
카 페 | cafe.daum.net/gljang(문학사랑 글짱들)
| cafe.daum.net/art-i-ma(아트매거진)

공 급 처 | 한국출판협동조합
주문전화 | (070)7119-1752
팩시밀리 | (031)944-8234~6

ISBN 978-89-5669-880-9
값 15,000원

* 이 책은 교보문고에서 E-Book(전자책)으로 제작하여 판매합니다.

* 잘못 제작된 책은 바꾸어 드립니다.

* 이 책은 대전광역시 와 대전문화재단 에서 사업비 일부를 지원받았습니다.